ここは負けても死なないテーマパーク

エミリン
Emirin

宝島社

エミリンこと大松絵美

I DO NOT WANT TO BE ALONE
I DO NOT WANT TO BE ALONE
I DO NOT WANT TO BE ALONE
I DO NOT WANT TO BE ALONE
I DO NOT WANT TO BE ALONE

1993年10月4日生まれ
兵庫県明石市出身
元芸人
登録者150万人超の
エミリンチャンネルを配信する
YouTuber

趣味／アニメ鑑賞　好きな芸能人／小栗 旬、橋本環奈

好きな色／ピンク　好きな食べ物／焼肉（ヒレ）

昔の夢／アンパンマン、ミニモニ。、AKB48、声優、アナウンサー

特技／早口言葉　コンプレックス／クマ、唇

好きなお菓子／ハッピーターン

嫌いな食べ物／パクチー、ホルモン

初恋／幼稚園のときキレイな泥だんごをくれた友達

好きなブランド／エドナ　好きな飲み物／ミルクティー

苦手なもの／虫、ホラー、絶叫マシン、雷、高いところ、女の子が苦手なもの全部

座右の銘／全身全霊
元卑屈ブス
性格／自我が強い

高校時代から声優を目指しており、京都の大学在学中にキャスターを志してオーディションを受けるも、会場で日《ひ》和《よ》ってバラエティ部門に変更。2014～17年の期間、芸人として活動する。

大学卒業とともに上京。芸人としてなかなか芽が出ずUUUMの社員面接を受験。担当の一声でYouTubeクリエイターになる。2018年9月5日に「エミリンチャンネル」を立ち上げ2020年2月に登録者数100万人を達成。6月にUUUMより独立し、現在フリーランスで活動中。11月現在、YouTubeの登録者数150万人超。

Coca-Cola
Coca-Cola

身長158cm　体重62kg　血液型A型　あだ名はエミリン　てんびん座

いきなりですが人生って難しいですよね。
自分がやりたいことと自分にできることは違うし
やりたいことをやるために
やりたくないこともやらなくちゃいけない。
あとどれだけ頑張ればいいの？
いつになったら夢は叶うの？
頑張ることに疲れて すべてを投げだして
しまいたくなるときもあると思います。
でも大丈夫です。どれだけ挫折しても
悔しさをエネルギーに変えて
何度でもチャレンジしてください！
人生は負けても死なないテーマパークです。
Here we go～♫

はじめに

私は自己肯定感が低く、自分に自信のない卑屈な人間だった。ネガティブな自分をポジティブに変えたいとずっと強く思っていた。そのために私は「自分ルール」というものをいくつもつくった。他人に褒められなくても勝手に一人で伸びることができる便利なルールたちだ。それを実行していく中で、少しずつ自信がついたり、自分の気持ちに正直になれるようになってきた。

よく「どうしてそんなに自信がないの？」と言われることがあるが、それはＹｏｕＴｕｂｅｒとして活動している今だから言ってもらえる言葉で、私の自己肯定感が低い理由はもう少し根深い。

私は小さい頃から、運動神経が悪いという一言ではくれないほどすべてに対して不器用だった。勉強もスポーツも、何をやっても人よりできず、「よくやったね」とか「すごいね」と他人から褒められることがなかった。そうやって出来上がった自己肯定感の低い卑屈女の私にとって、ＹｏｕＴｕｂｅで登録者数１００万人を達成したことが、人生で初めての成功体験だったのだ。

テストで１００点取れたとか、運動会のかけっこで1位を取ったとか、何かを達成した経験がなかった。容姿も優れていたわけではない。それでも私はずっと「人前に出たい」という夢を抱いていた。高校の頃に目指した声優の夢を諦めて、大学生のとき新しく見つけたアナウンサーという夢も諦めて、芸人になったときも結局は芽が出ずに挫折してしまった。特に芸人時代は、もともとの自信のなさに加え、否定され続けたり、結果が出せなくてさらに自信を失っていった。25歳の私は自分と比べて他人を妬《ねた》んで、「なんであの子みたいになれないんだろう」みたいなことばかり考える劣等感の塊のような人間だった。自分のことが大嫌いだったし、生きるのが嫌になるくらい心がすり減ってしまったこともある。

それでも、なんとか自分の心と折り合いをつけて、藁《わら》にもすがる気持ちで挑戦したのがＹｏｕＴｕｂｅだった。今ではこんなにたくさんの人から応援してもらい、少しずつ自分を認めてあげてもいいんだと思えるようなった。諦めなくてよかったと思った。

容姿が優れていなくても、人に愛される性格じゃなくても、何かの才能に恵まれていなくてもいい。なんの取り柄もなく普通でも、自己採点が普通以下の容姿だったとしても、努力をしているつもりでなかなか成果が出せない不器用な人でも、みんな同じように楽しく生きる資格がある。夢を抱いて、叶える力を持っている。

だから、ちょっとした考えかた次第でそこまで傷つかずにすむ、こういうふうに対応すれば気持ちが楽になる、私が持てるすべての「生きやすくなる」ルールをこの本に詰め込みました。

どんなささいなことでも、自分を変えるきっかけとしてこの本を使ってもらえたらありがたいです。

エミリン ここは負けても死なないテーマパーク

contents

はじめに…… 10

Chapter 1
自分を一番大事にできるのは自分
自己肯定感を上げることに全力を尽くす。

rule 01
ブスなのは私だけじゃない。結局世の中みんなブスだと自分に言い聞かせてみる。…… 26

rule 02
誰にも迷惑はかからないんだから可愛くなりたいという欲望に正直に生きる。…… 28

rule 03 自分の機嫌を取るために、値段が高いものをあえて買ってみる。…30
rule 04 他人にメイクや服のコーディネイトをしてもらう。…32
rule 05 うまくいかないとき、頑張りすぎているときは自分より下を見る。…36
rule 06 どちらがいいか選べないなら選ばずどちらもやればいい。…38
rule 07 病んだら無理やりでも予定を詰める…40
rule 08 前と言っていることが違ってもそれは「変化」なんだと自分で受け入れてあげる。…42
rule 09 白湯を飲む。…44
rule 10 自己肯定感を下げてくる仲良くならないほうがいい女たち3選…46
rule 11 死にたいと思ったら、死んだつもりになってみる。…48

Chapter 2

心地よい人付き合いでメンタルを守る
友達付き合いはストレスフリーが一番だ。

rule 12 極限まで友達を減らす。7人いれば毎日別の人と遊んでも1週間の予定は埋まる。…56

rule 13 性格の良い子と、性格の合う子は違う。無理せず自分の居心地のいい場所で生きればいい。…58

rule 14 嫌なことがあったら全部ネタにする。…60

rule 15 付き合う男も見極めが肝心だ。地雷男の見分けかた4選…62

rule 16 恋愛相談に見せかけた惚気は聞かない…66

rule 17 お酒が苦手な人が近づくべきではないタイプの人4選…68

Chapter 3

成功するためにやるべきこと
夢を叶えるのに最低限必要なもの。

rule 18 年齢制限のある夢から手をつける。夢を目指すのは早いほどいい。……74

rule 19 やりたいことのためならやりたくないこともやる。多分それも、夢への通過点だから。……76

rule 20 あえてエゴサする。……80

rule 21 筋トレと同じようにメンタルも鍛える。～エミリン地獄の由比ヶ浜～……82

rule 22 やりたいこと・なりたいものは変わる。だから、今何になりたいのかを常に考える。……88

rule 23 努力が必ず報われるとは限らないが、しないとしないで後悔する。……90

rule 24 負けても死ぬことはない。その悔しさがエネルギーとなって爆発力を与えてくれる。……94

Chapter 4

楽しく生きるためにやらないほうがいいこと
嫌われない・後悔しない生き方のススメ

rule 25 覚えたての言葉でマウントを取らない。それは「バカ」の自己申告だ。…102
rule 26 正論だけがすべてじゃない。人付き合いにおいて正論はときどき邪魔になる。…104
rule 27 何事も自分を基準に判断してはいけない。…106
rule 28 必要以上に写真を撮らない。思い出は肉眼で見たほうがしっかり自分に残るから。…108
rule 29 お金があれば幸せというものでもない。…110
rule 30 ギラつかない…112
rule 31 なんでも断捨離すればいいってもんじゃない。…114
rule 32 嫌われたくないならやめておいたほうがいい、人がイラッとすること7選…116

Chapter 5

卑屈ブスからの更生 やらず嫌いは全部やめたほうがいい。

rule 33 美容院を変える。…122
rule 34 おしゃれな人と友達になると違う人生の可能性が見えてくる。…124
rule 35 「○○のくせに」はもう時代遅れ。肩書きにとらわれず何にでも挑戦してみる。…128
rule 36 コンプレックスは金で殴る。…130
rule 37 たまには孤独を楽しんでみる。…132
rule 38 ネガティブブスになったら決死の覚悟で自己肯定感の軌道修正をしなければならない。…134
VS・アンチ…138

Chapter 6

オタクパワーを最大限に活かすコツ 世界一ポジティブなオタ活のススメ

rule 39 生活費に手を出し始めたらオタ活は辞める。何事も適度に楽しむこと。…148

rule 40 コミケを攻略するスキルは、どんなビジネス本より社会において役に立つ。…154

rule 41 オタクも陽キャもやってることは同じ。お互い毛嫌いする必要はない。…160

rule 42 平和に〝推し〟を愛したいなら布教活動はくれぐれも慎重に。…162

Chapter 7

尊敬する人のいいところを片っ端から真似る大切なことは全部身近な人が教えてくれた。

rule 43 できないことが悪いんじゃない。できるまでやらなかったことがだめなのよ。 by 母…168

rule 44 古川優香から言葉選びのセンスを学ぶ。人付き合いが楽になる。…170

rule 45 わがままなのにみんなから愛される男・やっぴからは学ぶことが多い。…174

rule 46 怖いもの知らずも突き抜ければ一芸。って、ヒカルを見てると思う。…178

クレジット…182

エミリンより…183

大松物語…184

Chapter 1

自己肯定感を上げることに全力を尽くす。

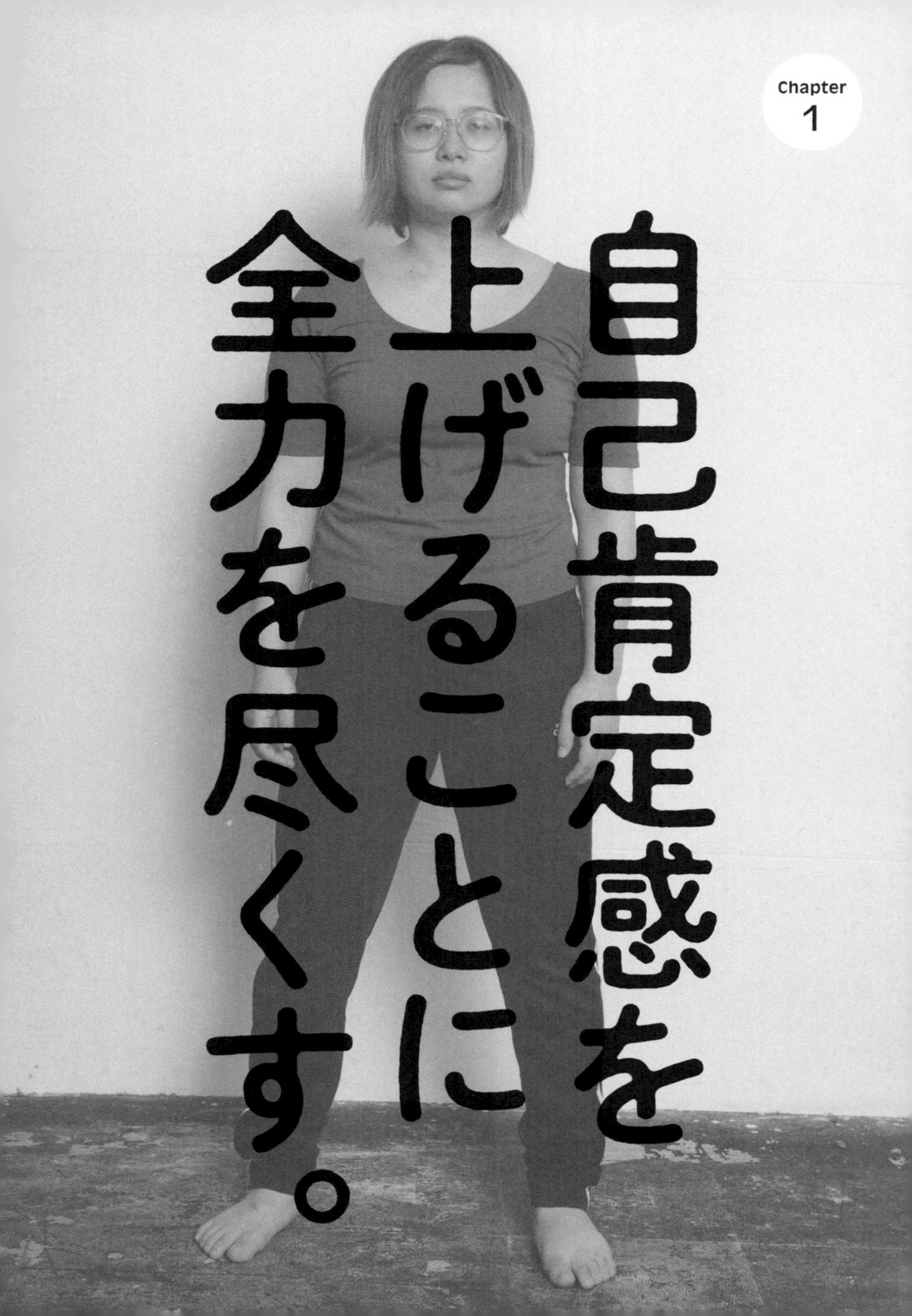

自分を一番大事にできるのは自分

自己肯定感は、誰かに褒められて認められて、「自分は大丈夫なんだ」と自信を持つことで出来上がる心の鎧《よろい》のようなものだ。

誰かに傷つけられたとき、なにかに失敗したときに「それでも私は大丈夫」と思えるかどうかは、すべて自己肯定感にかかっているといっても過言ではない。

まわりに誰も褒めてくれる人がいないとき、自己肯定感とはどうやって上げればいいのか？　考えてみれば簡単なことだった。

自分で自分を褒めてあげればいいのだ。

まずは、自分の価値を自分の中で高めてあげること。これはすぐにでもできる。自分に合わせてまわりを下に下げて見てもいい。自分一人の中で考えていることなんだから、人に迷惑はかけない。

次に、人からも褒めてもらう機会をつくる。自分自身が「可愛くなりたい」とか「仕事ができるようになりたい」と努力することで、それを認めてくれる人、応援してくれる人が現れる。卑屈になって「どうせダメだから」と何もしないのでは前に進むことができない。ちなみに、努力を否定してくる人は敵なので逃げていい。

最後は、自分を信じてあげることを意識して行ってみてほしい。なにか大事な選択で迷ったとき、自分の選択を正しいと信じてあげるのだ。人に何を言われても、揺らがなくていい。

そうやって自分で自分を大事にすることが一番の対策なのだ。

ブスなのは私だけじゃない。
結局世の中みんなブスだと
自分に言い聞かせてみる。

ポジティブになりたかったので、まずは自己肯定感を上げてみようと考えた。私が実践したのが**「自分はブスじゃないと思い込もう」作戦**だ。しかし、自分をブスだという固定観念にとらわれてしまっている以上、朝起きて鏡を見るとやっぱり「自分はブスだ」と思ってしまう。ふとしたときに他人に撮られた写真を見ると、改めて「自分はブスだ」と思ってしまうのだ。自分をブスだと思う気持ちを止めることができないなら、一度まわりに目を向けてみようと考えた。

例えば、ネットで『芸能人　卒アル　黒歴史』と調べると、案外そんなに可愛くない学生時代の姿が出てくる。人類、もともとみんなブスなのかもしれないと思えた。

バラエティ番組を見ていると、あきらかに私よりも可愛い人がブスキャラとしていじられている。そうやっていじられている元アイドルのバラエティタレントは、そもそもアイドルという職業についていた時点で確実に一般人より可愛い。それでも芸能界では可愛くないキャラを演じ、まわりもそうやって扱っている。アイドルですらブスキャラで戦わなくてはならないのなら、美人とは一体誰のことなのか。こうなってくると本当に**一握り中の一握りの完璧美人以外は、誰かしらにブスだと言われる。**なるほど、やっぱりみんなブスなのかもしれない。**大丈夫だ、ブスなのは自分だけではない。**そう思うだけで気持ちが楽になるのだ。

誰にも迷惑はかからないんだから
可愛くなりたいという欲望に
正直に生きる。

私のように性根がネガティブブスタイプの人間は

「私はブスだから……」

「可愛い服を着ても似合わないから……」

「変に化粧をしても笑われるから……」

など、さまざまな理由をつけておしゃれやメイクを拒む傾向にある。

しかし、可愛くなりたいか可愛くなりたくないかの二択を突きつけると、結局みんな可愛くなりたいを選ぶはずだ。私のようなネガティブブスは、自分自身とまわりに言い訳をして前に踏み出すのを拒んでいるだけで、みんななれるものなら可愛くなりたいのだ。

卑屈のスイッチをオフにして、なりたいものになろうとしてもいいのではないだろうか。自分自身の気持ちを認めてあげて、その欲望を存分に叶えてあげればいいのだ。

おしゃれになる努力をすることは恥ずかしいことじゃないし、自分が可愛いと思うメイクに挑戦することだってなにもおかしいことじゃない。

可愛くなりたいと思ったところで、誰にも迷惑はかからないのだから。

自分の機嫌を取るために、値段が高いものをあえて買ってみる。

まず最初に言っておくが、これは「ブランドものを買ってマウントを取れ」という意味ではない。そこは絶対に勘違いしないでほしい。

例えば、デザインがすごく気に入っているものだったり、一度でいいから着てみたいと憧れているブランドのものなど、**身につけることで自分のテンションが上がるものをひとつでいいから取り入れてみるのだ。**

そうすることで自然と気持ちが上がって、いつもより自信が持てるようになる。街を歩くときにワクワクする。いつもはGUやユニクロしか着ない私も「今日はセリーヌのバッグを持っているから大丈夫！」と謎の勇気が湧いてくるのだ。

勝負ポイントをひとつつくることでびっくりするほど自己肯定感がアップする。私にとってマリオのスターのようなアイテムだ。

別にセリーヌじゃなくてもいい。ハイブランドでなくていい。

いつも千円のTシャツを着ているけど、奮発して6千円のTシャツを買ってみるだけでもいい。**自分にとっての憧れを身につけるだけで無敵になれる**のだから、自分の機嫌を取るなんて簡単なものなのだ。

他人にメイクや服のコーディネイトをしてもらう。

自分に似合うものを選ぶのは意外と難しい。こんな経験はないだろうか？　仲の良い友達のインスタグラムを見ていて「加工しないほうが可愛いのに」とか、髪を切った友達を見て「この子、絶対ロングのほうが可愛かったのに」と心の中で査定をしてしまう。なんなら私はこれを直接言われることがある。おそらく**自分の思う「可愛い」と他人が思う「可愛い」は違う**からこんなことが起こるのだ。もちろん好みもあるので一人の意見をすべてだと思う必要はないが、自信がないなら第三者に選んでもらうことをオススメしたい。

人選のポイントは、まわりからおしゃれだと認められていて、かつ自分もおしゃれだと思う友達だ。そんな人に服を選んでもらったり、メイクの仕方を教えてもらったりすることで、**客観的に見ても可愛い自分になれる。**彼女たちは日頃からおしゃれになるための努力や研究をしていたり、それをしていなかったとしてもまわりから認められる光るセンスを持っている。一緒に買い物に行くと、全然知らないテクだったり、用語がポンポン飛び出してくるので、**学ぶ気さえあれば自分のセンスもブラッシュアップできる。**いいことずくめだ。ショップの店員さんに聞くのもよくある手だが、あえてそこは友達を推したい。なぜなら、おしゃれに自信のない自分の心理や、いきなり難易度の高いアイテムを取り入れるキャラじゃないことを理解した上で助言をくれるからだ。それに店員さんの場合、こちらが客である以上、似合っ

他選の服

2020.09

友達に選んでもらった服の全身コーデ

自選の服

2018.12

自分で選んで買った服の全身コーデ

てなくても気を使ってはっきり言ってもらえないというトラップがある。これも友達ならばナシならナシと客観的なジャッジがもらえるので失敗が少ない。メイクに関しても同じことが言える。私はメイクが得意な友達に教えてもらったことをきっかけに、まわりからも「垢抜けたね」と褒められるようになった。**わけがわからないまま自分でやるよりも、人に聞いたほうがいいのだと確信した。**

そしてもうひとつ、この方法には大変ありがたい特典がついてくる。自分で選んだお気に入りの服に対して「なんでその服買ったの？」とか「似合ってないよ（笑）」といじられると、センスのなさを見透かされたような気持ちになって落ち込む。でも、他の人が選んでくれた服ならば、同じ言葉を言われても「いや、これは●●ちゃんに選んでもらった服だよ」と返せば相手は罪悪感を抱いて二度と同じことは言わなくなるし、「（おしゃれな）●●ちゃんに選んでもらった服なんだ〜」と先制攻撃を仕掛けておけば、相手からの心ないいじりを事前に防ぐことができる。というか、そもそも人の服装や髪型について直接文句を言ってくる輩《やから》は一体何がしたいのだろうか。思ったとしても心に留めておくのがマナーではないだろうか。言われた人も傷つくし、言った本人も嫌われる。誰も得をしないのでやめたほうがいいと思う。ごめん、話がそれた。

うまくいかないとき、頑張りすぎているときは自分より下を見る。

ＹｏｕＴｕｂｅｒは、いい意味でも悪い意味でもはっきり数字で評価される。再生数やチャンネル登録者数、高評価数、コメント数。これらはすべて人にも見られている。気合を入れて撮った自分的神回動画であっても、伸びないときは本当に伸びない。ひとつの動画が伸びないと「もっと頑張らないと」と、自分をむやみに追い込んで逆にいい動画が撮れなくなったり、まわりが見えなくなりがちだ。ＹｏｕＴｕｂｅｒに限った話ではなく、数字に追われる焦りというものは誰にでもあるのではないだろうか。そんなときの良い解決方法をひとつお教えしたい。**自分より下を見るのだ。**

これを友達に言うと「性格悪い」とか言われるので今まで口にしなかったが、本当に効果がある。下を見るといっても、まわりを見下せという意味ではない。**自分よりもあきらかに時間とお金をかけて撮り、豪華なテロップと効果音をつけ、気合を入れまくっているにもかかわらず再生数が取れていない動画を見る**のだ。すると、「大丈夫だ、私だけじゃない」と仲間意識を覚えてホッとする。伸びなかった理由を考えることで反面教師にできる。自分では客観的に見えていなかった弱点が見えたりすると、自分の動画の改善にもつながる。上だけを見ていてはいけない、下にだって学ぶべきことがあるのだ。しかも、これを一切公言しなければ誰も傷つけないし、自分の性格が悪いとバレることもない。私は言ってしまったが。

どちらがいいか選べないなら
選ばずどちらもやればいい。

芸人時代、「女芸人が女を出すと冷めるから色気づくな」と言われていた。カラコンやネイルをすると怒られたし、ちょっとでもおしゃれをすれば「今日はデート?」と嫌みまじりにいじられた。私も着飾らず、恋もせず、女を捨てることが女芸人のプロ意識なんだと信じ込んでいた。YouTuberになってからも、その自己洗脳は続いた。**「面白い」と言われたいなら、「可愛い」を目指してはいけない**という固定観念に縛られ続けていた。二兎を追う者は一兎をも得ず、絶対に二つに一つしか選べないと思っていた。

二十代後半になり、今度は逆に面白いキャラだけではこの先しんどいと考えて「可愛くなりたい」という動画を上げた。周囲の影響もあり、このとき私は「可愛くなりたい」を選ぼうとしたのだ。

一部から**「勘違いするな」**という批判を浴びてすぐに心が折れ、「可愛い」を諦めようとした。すると今度は、**「いい年してそのキャラをやるのはイタイ」「女を捨てているのが見苦しい」**というような間逆な意見が噴出した。そのとき私は気づいた。どっちを選んでも結局叩かれるのだ。わかった。**どちらを選んでも叩かれるなら、別に選ぶ必要はないのだ。どちらもやればいい。**今も一番言われて嬉しい言葉は「面白い」だが、「可愛くなった」とも言われたい。今のところはこれでいいんじゃないかなという結論に落ち着いている。

だ　ら
やりでも
詰める

病　ん
無理
予定を

忙しすぎて
病んでる暇がなくなる

前と言っていることが違っても
それは「変化」なんだと
自分で受け入れてあげる。

私の過去の動画には、過去の私がそのときどきに思ったことをわめき散らかしているものがたくさんある。**「服は布」**と言ったり、**「インスタで表情違いの同じ写真を上げるやつが嫌いだ」**とか、しっかりそのまま残っているし、今でも見ることができる。

ところで最近の私だが、**アパレルブランドのプロデュースを始めた。**あと、インスタでも微妙なポーズや表情違いの写真を上げている。**過去の自分からしたらとんでもなく解釈違いの未来だ。**そういうこともあってか、「一貫性がない」「前と言ってること違わない？」「過去の自分との矛盾が多くないですか？」と指摘されることがある。ごもっともだ。当時の私に共感してくれた人に対しては、この身勝手な心変わりを本当に申し訳ないと思う。

しかし人は変化する。恋人と別れるときだってそうだ。そのときは本当に好きだったけど、今は嫌いになってしまった。それと同じ変化だ。

一人の人間として生きていく上で、一貫性ってそんなに重要なことではない気がする。むしろ、**そのときどきの自分の気持ちに柔軟に寄り添っていくほうがストレスもたまらない。**だから私はこれからもそのときどきに思ったことを動画やＳＮＳでわめき散らかしていきたいと思う。多分また意見が変わることもあると思うが、季節の移ろいとともにいろんな感情を見せるエミリンをお楽しみいただけるとありがたい。

飲む。

シンプルに
田中みな実に
憧れているだけ

白湯を

自己肯定感を下げてくる仲良くならないほうがいい女たち3選

①自虐に見せかけた自慢をする女

「年齢確認されちゃった最悪〜」とか「二重で顔が濃いからコンプレックス〜」とか、人の自慢はシンプルに自己肯定感をゴリゴリに削られる。悪気はないのだろうが、自己顕示欲と承認欲求を抑える機能が備わっていないので常に地味イラのストレスを伴うことになる。

②自称サバサバ女

「私サバサバしてるから」という女はだいたいこう続ける。「私毒舌だから〜」「思ったこと全部言っちゃうんだよね〜」。これは、私はこれからきつい言葉を発しますよ、という警報音のようなものだ。傷つけられる前に一刻も早く離れたほうがいい。

③隙あらばマウント女

「私も昔芸能の仕事してたから」と経歴マウントを取ったり、「新参ってだいたいそのキャラハマるよねw」って古参をマウント取ったり、自分は上！お前は下！　と位置づけてくる自己肯定感の掘削機《くっさくき》。本当に百害あって一利なしだ。

こういった女たちは隙あらばこちらの自己肯定感を下げてくる。不利益を生むので本当に近寄らないほうがいい。彼女たちがそばにいないだけで人生は100倍楽しくなるはずだ。

死にたいと思ったら、死んだつもりになってみる。

小学校6年生の頃、短期間だが友達からいじめのようなものを受けたことがある。暴力や暴言などのひどいいじめではなかったので、「プチいじめ」と定義する。

ある日突然、仲良しグループの子全員から無視されるようになった。プチいじめが発生した理由は明確ではないが、唯一思い当たることといえば、当時流行っていた「交換ノート」を書くのがめんどくさくなって私が止めてしまったことくらいだろうか。

無視されたくらいで大げさに感じるかもしれないが、小学生の頃は自分の生きている世界のすべてがほぼ学校といっても過言ではなかったので、クラスの子からハブられただけで世界から否定されたような気持ちになった。この世界に私の居場所なんかないんじゃないか？と思いつめてしまうくらい動揺した。このとき初めて自殺を考える人の気持ちが少しだけわかった気がした。

幸い、大松家は家族仲が良かったので家にはあったかい居場所があったし、いろんな習い事をさせてもらっていたので気分転換ができた。このおかげで私は取り返しのつかない行動を取ることはなかったが、例えばこれが家族との関係が悪くて、外部にコミュニティもなく、クラス全員から無視されていたりしたら……と思うとゾッとする。

当時から心のわだかまりになっていることがある。その際に受けた大人からの言葉だ。いじめられていることを大人に相談した際に「気にすることはないよ。世界は広いんだから、学校でのいじめなんてちっぽけなことだよ」と言われた。まだ家と学校の往復くらいの狭い世界しか知らない子供相手に、そのアドバイスは適切だったんだろうか？

別の大人からはこんなことも言われた。「いじめられたエミちゃんにも問題があったんじゃないかな？」。実際あったのかもしれないが、それをいじめられた本人に問うのは、無駄に傷つけるだけで何の解決にもならないのではないだろうか？ むしろオーバーキルだと思う。

子供の心はデリケートだ。大人ほど経験値も高くないし、世界も狭い。何気ない発言が一生残るほどの傷になってしまうこともある。自分の見ている世界と同じ目線で子供と話すことはやめてほしい。もっと子供の世界を想像して、その上できちんとその子に必要な言葉をかけてあげてほしい。子供に関わるすべての大人の方々に今改めてそれを伝えたい。

まさに今いじめや、いろんな問題を抱えて生きるのに疲れてしまっている若い人たちへ。

自分自身も言われて嫌な気持ちになったことがあるから「生きてたら必ずいいことがある！」なんてきれい事を言うことはできません。人生意外と一難去ってまた一難だし、「ぶっちゃけありえない♪」と、プリキュアが頭でこだますることも多いです。

死にたいと考えてしまったその気持ちを否定することはできないけど、今死んでしまって本当に大丈夫ですか？　やり残したことは？　大好きなアイドルの新曲聴きたくない？　死んだ後にすごい神曲が出るかもしれない。ＯＮＥ ＰＩＥＣＥの最終回を見届けなくて大丈夫？　街で偶然平野紫耀に出会って恋に落ちる可能性だってゼロじゃないと思う。これから起こるかもしれない素敵すぎることを全部諦めてしまうのは本当にもったいないと思います。ちゃんと自分の心に耳を傾ければ絶対にまだやりたいことが残っているはず。死ぬにしたって今じゃなくていいと思うんです。

それでも死にたいと思うなら、一度死んだつもりになってリセットしたことにしてみてはどうでしょう？「こっちは死のうと思えばいつでも死ねるんだからな！」って開き直って、最強無双モードになってみるのはいかがでしょう？　死を乗り越えるほどの無双メンタルで、これからなにかものすごいことを成し遂げることができるかもしれません。

私も病みに病んでふとなにもかもが嫌になることがあるが、やり残したことがありすぎるので死のうだなんて思わない。とりあえず今は２０２１年公開予定の映画『賭ケグルイ』の第２弾を観るまでは何があっても絶対に死ねない。そういうシンプルなモチベで生きてみるのもアリだと思うのだ。

Chapter 2

心地よい人付き合いでメンタルを守る

友達付き合いはストレスフリーが一番だ。

人間関係というものは本当にめんどくさい。友達でも、恋人でも、仕事関係の人でも、人によっては家族でも。ストレスの原因ナンバーワンといっても過言ではないと思う。

家族や上司、同僚など、生きていく上でどうやっても逃れられない人間関係の悩みや苦労も存在するが、せめて友達や恋人のように、自分でコントロールできるプライベートの人間関係だけでもストレスを極限まで減らせば、だいぶ気持ちは楽になるんじゃないだろうか？

ここでは、ストレスを極限まで減らせる人付き合いのルールをお教えしたいと思う。

まず私は、嫌な人、苦手な人、自分と合わないと感じる人とは無理に付き合わない。それだけで世界は全然変わる。友達が少ない、コミュ障だと思われたくないから、そんなに居心地のよくない相手とも付き合いを続けてしまうという人もたくさんいるだろうが、試しにそれをやめてみてほしい。世界が自分に優しくなる。居心地が抜群によくなるし、自分のために使える時間も増える。プライベートの人間関係が変わるだけで人生がめちゃくちゃ楽しくなる。

ここでは、避けるべき人の具体例を上げて、自分のまわりの人間関係整理に役立ててもらえるようなルールを取り上げていくので、人付き合いに悩んでいる人はぜひ参考にしてほしい。

極限まで友達を減らす。

7人いれば毎日別の人と遊んでも
1週間の予定は埋まる。

私は友達が少ない。もともと社交的な性格ではないということもあるが、数年前に極限まで友達を減らす「友達選抜☆総選挙」を自分の中で行ったからだ。

以前の私は付き合いが悪いと言われたり、もう誘われなくなるかもしれないという不安から、そんなに好きじゃない友達でも誘われたらとりあえずご飯に行っていた。しかし、**その程度で関係が悪くなるような友達なんて所詮本物の友達ではないと気づいた。**その〝ニセ友達〟は、本当にいらないことばかり言ってくる。ダイエットをしていることを話すと「絶対痩せないほうがいいよ！　ぷにぷにのほうが可愛いのに〜」とか、「女捨ててる感じがエミリンの良さなのに〜」と私の自己肯定感を削ぎ落としてくる。「いつまでYouTuberやるの？　一生続けられる仕事じゃないのに」と、素晴らしく上から目線のアドバイスをくれる。こういう**自分のモチベーションを下げるだけの食事会が人生の中で最も無駄な時間だと気づいた。**そう思った瞬間、急に冷めた。多分そのとき私は友達が好きだったのではなく、友達から誘われる自分に酔っていたのだ。

これは持論だが、**週に１度会う友達が７人いれば、とりあえず毎日誰かに会うことができるわけだから、本当の友達は７人でいいのだ。**だから今の私の友達は常に神7《セブン》だ。ちなみにこれは私の心の中だけに存在するものなので、定期的に入れ替え戦が行われている。

性格の良い子と、
性格の合う子は違う。
無理せず自分の居心地のいい
場所で生きればいい。

私は性格が悪い。いや、悪いと言うよりはひねくれているといった感じだろうか。とにかく根本がネガティブでマイナス思考なのだ。そんな私の考え方を真っ向から更生してくれる、ポジティブでプラス思考の人間が世の中には一定数いる。これが俗にいう「性格の良い子」なのだろう。

性格の良い子はすごい。私が悪口を言うと「悪口なんて言っちゃいけないよ」と注意してくれるし、私が自虐的なことを言うと「自分を下げてはいけないよ」と諭してくれる。**私が顔のシワを気にすれば「シワの数だけ幸せ！　たくさん笑ってる証拠だよ！」と片っ端からネガティブ発言をポジティブ変換してくれるのだ。**

素晴らしいと思う。素晴らしいと思うし、そういう考え方に憧れもするが、私の発言をことごとく修正されてしまうのでだんだんと話すことがなくなってくる。当たり障りのない話しかできないのでトークが弾まず居心地が悪くなり、ストレスがたまる。すると、ふと我に返ったとき**「なんで私ってこんな性格の良い子のことが好きになれないんだろう？」**と共感できない自分に罪悪感すら生まれてきて、帰り道に一人で病む。この瞬間がとても辛い。

性格が良い子と性格が合う子は違う。私は性格が良い子よりも、性格が合う子と愚痴を言いながらだらだらスタバでラテを飲んでいる時間のほうが好きだ。

あったら
ネタにする。

結局、
こういうところから
スベらない話が生まれる

嫌なことが全部

付き合う男も見極めが肝心だ。地雷男の見分けかた４選

恋は素敵だが、変な男にひっかかってる時間は本当に無駄だ。見極める能力をつけておいたほうがいい。ここで私の独断と偏見による「気をつけるべき男の特徴」を伝授しよう。

①リアルとSNSのキャラがまったく違う男

普段はクールで無愛想な感じなのに、LINEやTwitterでは絵文字を駆使して超雄弁！みたいに、キャラが全然違う男はだいたい地雷を抱えている。私の経験上、かまってちゃんやとんでもないメンヘラ、すごい束縛癖がある男などが多かった。普段本当の自分が出せていないせいか、二人きりになったときの自己解放の爆発力がすごい。

彼らは「その顔文字どこで手に入れてきたの？」というもともとスマホに入っていない複雑な顔文字を駆使している。付き合ったあかつきにはこういったSNSに対する情熱が自分にぶつけられることになるので、LINEが超頻繁だしちょっと、LINEの返信が滞っただけでも「もしかして浮気？（顔文字）」「ねえねえ（チラッの顔文字）」とメンヘラをぶちかます傾向が高い。最も実害が高いタイプと言っても過言ではない。

②美人の女友達に薦められた男

美人の友達が言う「あの子すごい優しいからオススメだよ」は鵜呑みにしてはならない。

ツイート

ハァ。。。
ライン返ってこないのツライ。ﾟ(ﾟ
இωஇﾟ)ﾟ。
しんどい。ﾟ(ﾟஇωஇﾟ)ﾟ。
俺って嫌われてるのかな。。ﾟ(ﾟ
இωஇﾟ)ﾟ。

SNSでキャラが違う男の使う顔文字

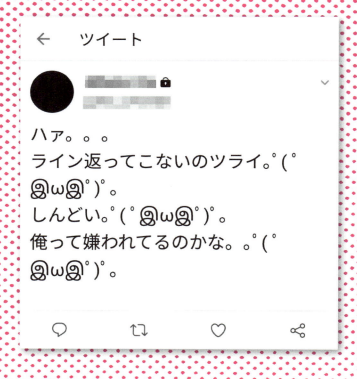

美人に優しいのなんて当たり前なのだ。私の場合、問題は美人でない人にもちゃんと優しいのかということだ。みんなの前では愛想よく振る舞っていたのに、私と二人きりになった瞬間スマホを触りだしたりする男がいる。これが美人じゃない子のオススメなら絶対に信頼できる。見た目に左右されないのだ、間違いなく本物だ。男を紹介してもらうなら、自分の同志と呼べるレベルの人から紹介してもらうことをオススメする。

③言葉よりも行動が早い男

「それ美味しそうだから頂戴」と言ったときにはもう飲んでいる。「ごめん、タバコ吸っていい？」と言ったときにはもうタバコの先に火がついている。そんなのもう許可を取る意味がない。順番が完全に逆なのだ。こういう順番が守れない男は、恋愛の順番も絶対守れない。恋のＡＢＣだってＣから始めようとしてくるので、マジで気をつけたほうがいい。

④すぐにＬＩＮＥやスマホの調子が悪くなる男

連絡したのになかなか返事が来ないと思っていると「ごめん、ＬＩＮＥバグっててさ～」とか「携帯ぶっ壊れててさ～」と言ってくる男。私はそれを絶対嘘だと思っている。こういう男は絶対にそういったバグを理由にしてドタキャンをガンガンしてくるはずだ。迷いなく信用がない男だと切り捨てたほうがいい。ただの嘘つきだ。

愛相談にせかけた聞かない

恋見惚気《のろけ》は

人生の中の最も無駄な時間のひとつ

お酒が苦手な人が近づくべきではないタイプの人4選

①同じペースで飲もうよマン

「同じペースで飲もうよ！　そのほうが楽しいじゃん！」と、よくわからないエモーショナルを感じている人。アルコールに対するキャパシティが違うことを理解する気がない。

②飲めないなんてノリ悪いマン

他のアレルギーのように配慮してもらえないのは、お酒＝楽しいもの！という思い込みからくるものだろうか？　彼らに遭遇するのは怖くて怖くて仕方がない。

③テキーラマン

言った本人も苦しむのに「テキーラ」って言い出すやつとはもう二度と飲んではいけない。

④絶対に帰さないマン

飲み会終盤に発生するので酔いも深く、「明日早いので帰ります」なんて説得は通じない。

そもそも、酒で盛り上がろうという飲み会で酒が飲めないことで、飲み会の空気を壊している自覚はあるし本当に申し訳ないというジレンマを抱えている。そんな我々が自衛するためにはこれら4タイプの悪酒マンを回避して参加すればいいのではなかろうか。ただ、私のまだ見ぬ悪酒マンが存在するかもしれないので、これはすべてが解決するとは明言できない。

Chapter 3

成功するためにやるべきこと

夢を叶えるのに最低限必要なもの。

私の人生は本当に紆余曲折《うよきょくせつ》だった。普通の幸せな家庭に生まれて、普通に義務教育、高校、大学と進学して、なのになんでこんなに?というくらいよくわからない道筋をたどってきた。

やりたいものがひとつじゃなかったり、特技がなかったり、そのくせ夢は人一倍大きかったりしたせいで、私は27歳の今日までたくさんのトライ&エラーを繰り返してきた。そして、結果的に今では自分がやりたかった「人前に出る仕事」にたどり着くことができている。ふと、「もしや私の人生には成功するためにすごく参考になるヒントがあるのでは?」ということに気がついた。

私の人生経験は自己啓発的な意味でもなかなか使える気がする。古い少女漫画の主人公設定くらい「なんの取り柄もない普通の女の子」という表現がハマる人間だったのだ。しかも、〝花男〟のＦ４のような運命の王子様たちとの劇的な出会いなども当然ない。普通の人が頑張れば真似できるやつなのだ。

そんな経緯で、私は自分の人生から「結果的にこれがよかった」という外せないメソッドをピックアップしてみた。やっていること自体は多少特殊かもしれないが、そのとき感じたことややりきったことというメンタルの面ではきっと、誰でも参考にできるヒントが詰まっていると思う。これから夢に向かう若い人や、夢の途中で挫折している人にお役立ていただきたい。

年齢制限のある夢から手をつける。夢を目指すのは早いほどいい。

夢を叶えるのに年齢なんて関係ない、と言う人がいるが、それは嘘だと思う。たしかに、中には年齢が関係ないものも存在するが、世の中にはしっかりと年齢制限のある夢がある。

例えば、私がどうしてもアイドルになりたいという夢を持って、乃木坂46のオーディションを受けることを決意したとしよう。乃木坂46の応募条件は満12歳～満20歳までの女子だ。**無理じゃん。**

私は今回の人生ではどれだけ努力しても乃木坂46になることはできないのだ。

芸能事務所に入っていた頃、芝居のオーディションを受けたことがある。22歳のときだ。そのとき、私と並んだのが子役から演技の経験を積み重ねている同い年の女の子だった。私はそれまで演技の勉強などしたことがなかったので経験値はゼロ。対して相手は演技歴20年近くの手練。22歳から努力したんじゃやっぱり遅い。私がとんでもない演技の天才でもない限り、早くから夢に備えて努力してきた人に勝てるわけなどないのだ。

大人になってから努力をすることを無駄だとは言わないが、やはり**なにかを始めるのは早ければ早いほどいい。**もちろん私はそのオーディションに落ちた。

やりたいことのためなら
やりたくないこともやる。
多分それも、夢への通過点だから。

芸人になったとき、当時のマネージャーに**「一発屋と言われてもいいから、とにかくまずは一発当てろ。大松は印象が薄いからわかりやすいキャラ立てをしないと売れない思う」**と言われた。その結果出来上がったのがショッキングピンクのツインテール、エミリン星から来たという設定の不思議キャラだ。

当時の私はそれを受け入れられなかった。好きなことをやりたくてこの道を選んだのに、どうしてそんなことをやらなくてはいけないのか疑問だった。一瞬売れても消えてしまう運命の一発屋にはなりたくないし、プライドを捨ててまでキャラ芸人をやる意味とは？と思っていた。

しかし、**結果的にマネージャーの采配は正しかった。**

あんなに嫌がっていたキャラ芸人だったが、芸人を辞めて3年たった今でも「あのときピンクの服で動画やってた子だよね」と声をかけてくれる人がいて、その会話をきっかけに仕事につながることもある。完全にあのキャラのおかげだ。**私にとって黒歴史だったあのキャラは、しっかりと私の代名詞としての役割を果たしてくれていたのだ。**

マネージャー氏の助言シリーズはそれだけにとどまらない。芸人時代、《あいさつ運動》と称して毎週月曜にどこかの駅や街頭に立ち、路上であいさつをして名前を売るという謎の活

クリパでみんなにわたす
恋占いを作成中♡
みんなに会えるの楽しみだな
ぁ〜〜！ルンルン！
全部内容ちがうんだよ！ルンルン！
来てくれた方に全員にプレゼントす
るのでおたのしみに〜〜！🎅🎄

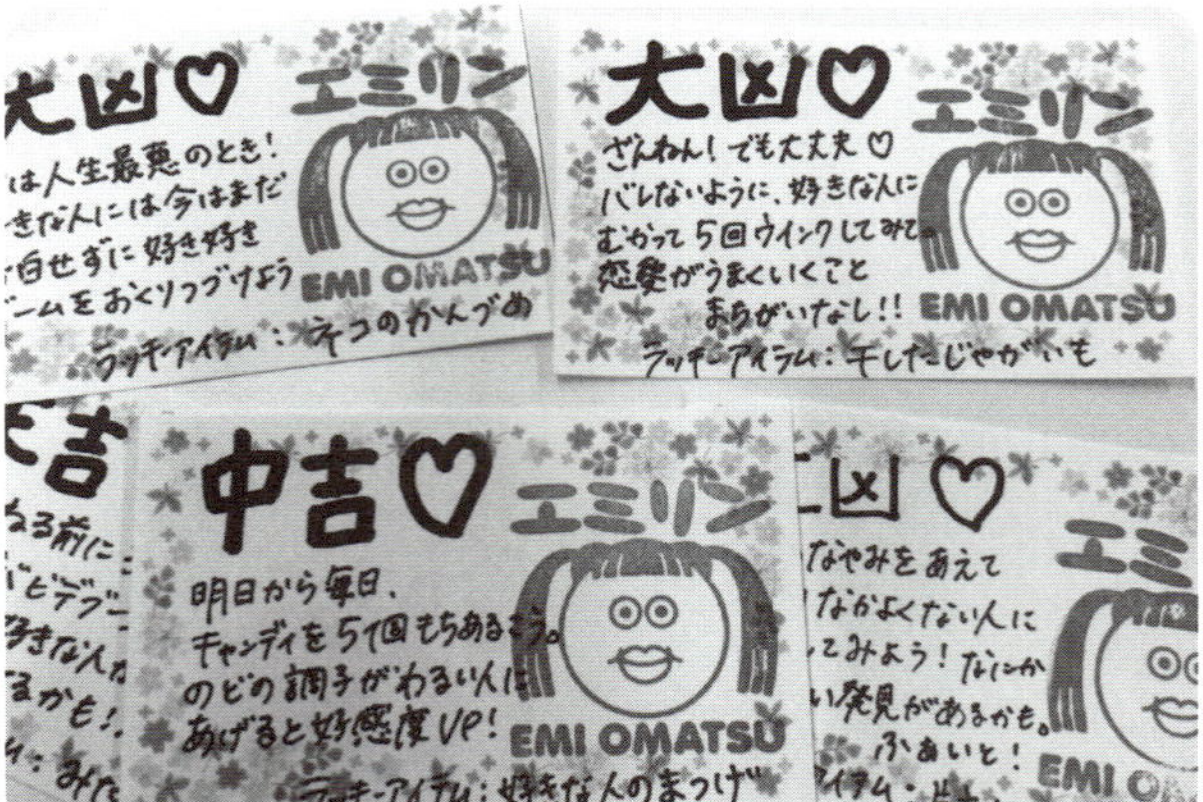

20:54 · 2017/12/20 · Twitter for iPhone

《あいさつ運動》で配布していた手作りおみくじ

動を行っていた。絵に描いたような下積み時代だ。ちなみに、あいさつを返してくれた人にはお手製のおみくじを渡していた。**マネージャー氏の発想は、どこまでもクレイジーだった。**

Twitter動画がバズり始めた時期でもあったので、Twitterを見てくれている人たちの間で口コミが広がり、あいさつに応えてくれる人が増えてきた。最終的には行列をつくるほどの人たちが私に会いに来てくれた。自分のファンだと言ってくれる人、私目当てに劇場に足を運んでくれる人がほとんどいなかったので、こんなにもたくさんの人が自分に会いに来てくれるという事態が初体験すぎて震えた。これも結果的に、私の人生で大切な経験になった。

今では、**マネージャー氏の助言は名采配だった**と思える。

「好きなことで、生きていく」というキャッチフレーズがあるが、実際は最初からやりたいことをやれる人なんてほぼいない。残念なお知らせだが、やりたい仕事にたどり着いた後でも、やりたくないことをこなさなくてはならないときが多々ある。世間は意外と甘くない。

自分の夢の道筋をしっかり見通して、本当に必要かどうかは見極めることも大切だ。

それでも、夢を叶えるためには、**今自分がやりたくないと思っていることからも逃げずに立ち向かうこと**が大切だと私は思う。

ゴサする。

わたしは、エゴサする。

あえてエ

@自分の声だけを
聞いてるだけじゃ
本当の評価はわからない。

Q.いつどこに行けばエミリンに会えるの？

A.近日中の予定はこんなかんじだよ！

みんな遊びにきてネ★

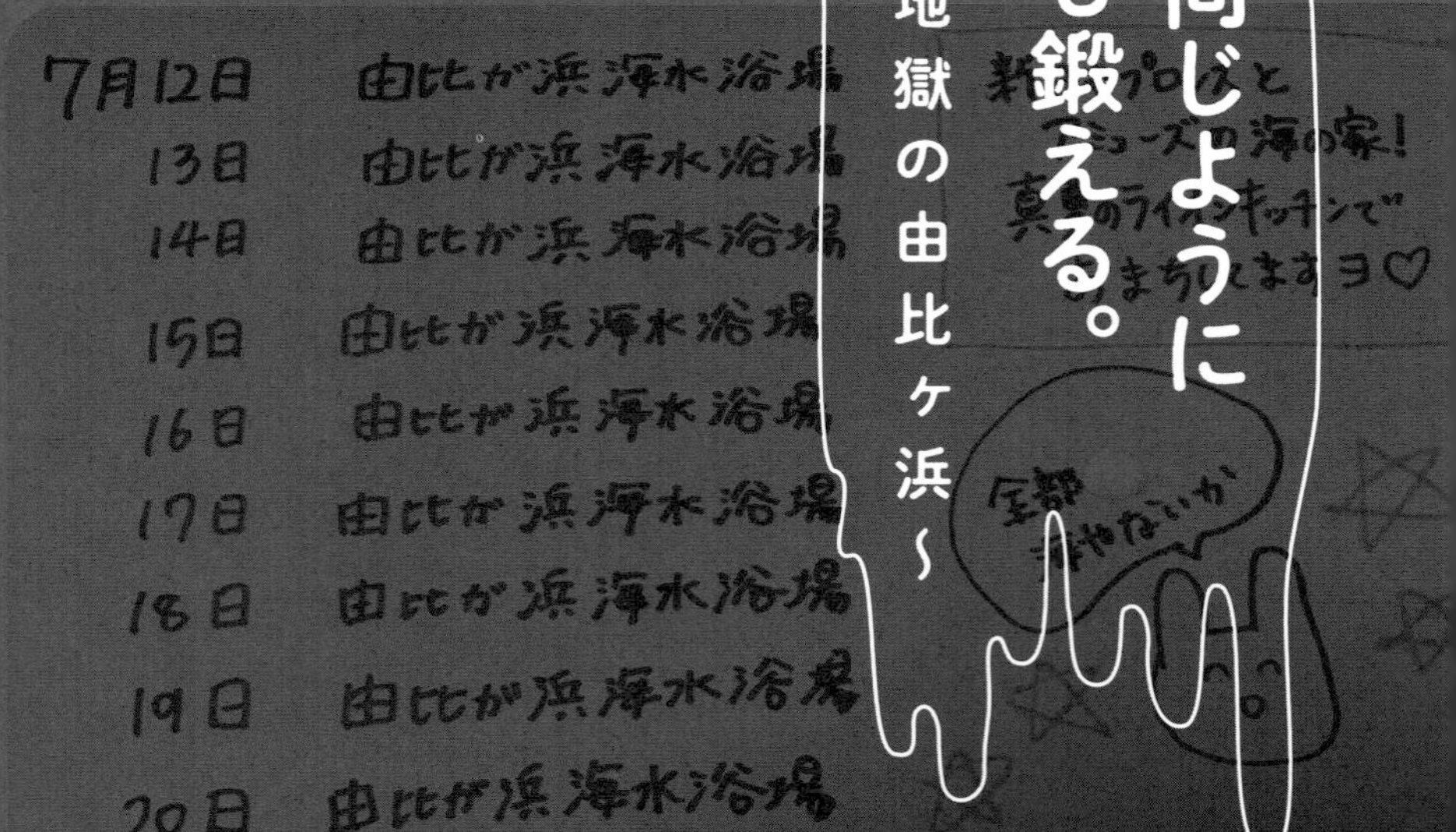

7月12日	由比が浜海水浴場
13日	由比が浜海水浴場
14日	由比が浜海水浴場
15日	由比が浜海水浴場
16日	由比が浜海水浴場
17日	由比が浜海水浴場
18日	由比が浜海水浴場
19日	由比が浜海水浴場
20日	由比が浜海水浴場

筋トレと同じようにメンタルも鍛える。

～エミリン地獄の由比ヶ浜～

21:20 · 2017/07/13 · Twitter for iPhone

ツイートアクティビティを表示

251件のリツイート 11件の引用ツイート

私はもともとメンタルが弱かった。Twitterでバズってから1年ほど経った頃、精神的に辛い時期だったことも相まって、SNSで少しでも自分に対するマイナス発言を見つけるとものすごく気にしていた。テレビやイベントの舞台で自信のあった部分で笑いが取れなかったときは、それはもう盛大に落ち込んでいた。エゴサなんてもちろんしなかったし、ファンの方からのリプライにも向き合わずに自分の心を守っていた。

そんな豆腐メンタルの私が、とんでもなく辛い仕事を受けることになった。知名度ゼロの売れない芸人の私が、海の家で開催される謎のオーディションイベントのMCを務めるのだ。

簡単に説明すると、海の家のお客さんからスターを誕生させよう！というコンセプトのオーディションで、主催は当時私が所属していたアミューズである。私の役割は、海の家のお客さんに対して「今からスター発掘オーディションを開催します！　なにかアピールしたい人はいますか～!?」と呼びかけ、炎天下の野外ステージに連れ出すというものだった。想像してみてほしい。オーディションステージを仕切るMCは私一人。今思い出してもゾッとする。お客さんは純粋に海水浴を楽しみ、一息つこうと海の家でゆっくり食事をしている人たち。どう考えても私の存在は彼らのニーズに合っていなかった。そんな地獄もまだ1日限りなら耐えられるが、なんと**このイベントは7月20日～8月31日まで毎日開催された。**

一応MCは日によって変わるシフト制だったが、そのMCにもなにか事情があったのだろう。気づけばその夏、私はほぼ毎日そこで新たなスターを発掘すべく駆け回っていた。

イベント初日、海水浴の客で賑わうランチタイムの真っ只中、私は突然ステージに現れる。客にしてみれば見たこともない女芸人だ。そして、マイクを使い、大音量で**「ここでいきなりですがオーディションを始めまーす！」**と叫ぶ。本当にいきなりだ。

「この海の家にいる人なら誰でも参加できる夢のような企画となっておりまーす！」「もしかしたらこのまま芸能界にいけちゃうかも⁉☆」「オーディションに参加したい方は、挙手してくださーい！」と、台本を高らかに読み上げてみたものの、空気が凍りつくのを肌で感じ、炎天下なのに体がガタガタと震えた。お客さんの8割は無視か聞こえないフリ。残りの2割は失笑するか野次。そんな凍った空気の中でオーディション立候補者が出てくるわけがない。「立候補者がいないので終了しまーす！」と言いたいところだったが、ワンステージ1時間はやりとげなければならないという謎のルールがあったので、私の判断で勝手にイベントを終わらせることもできない。私は、マッチ売りの少女のごとく**「オーディションを受けませんか～」「オーディションを受けませんか～」「オーディションを受けませんか～」**とマイクを持って客席を回る。心が折れそうになった。

お客さん側からしてみれば、MCと目が合ったら一巻の終わりというデスゲーム。マイクが自分に向けられることがないよう、みんな必死で見ないふりをする。このとき初めて幽霊の気持ちがわかった。誰にも見えない存在の気持ちというのはこういうものなんだろうか。折れそうになる心を必死に奮い立たせてオーディション参加者を探すも、一向に現れることはない。しまいには主催者からカンペを出された。内容は**「なんか面白いネタでつないで」**だ。

私は思った。**これはなにかの罰だろうか？** 完全に心は折れていたが、体の奥に眠る芸人魂をなんとか振り絞り、起死回生のおはこネタ、ディズニーランドキャストのモノマネを繰り出した。当たり前だが、まったくウケなかった。みんな巻き込まれたくないのだ。そうしているうちについにお客さんの一人からクレームが入り、初日のオーディションは打ち切りとなった。

前世でどんな罪を犯したら、こんな罰が課せられるというのだろうか。一瞬の拷問などではない。**期間はひと夏である。**こうやって私のメンタルを強制的にブーストすることになる、**地獄のアミューズ・ブートキャンプ@由比ヶ浜**が始まったのだ。

最初の1週間はとにかく毎日が辛かった。当時住んでいた武蔵小杉から由比ヶ浜まで毎日2時間かけて電車で通っていたのだが、いろんな感情があふれすぎて完全に体が由比ヶ浜を拒絶してしまっていた。ステージでも、とにかくノルマの1時間だけ心を殺して演じることで毎日どうにか乗り切っていた。オーディションの主催者とは何度も喧嘩した。どうやったらこの地獄から逃げられるのか、怪我でもするか、病気になろうか、とにかくずっとそこから逃げる方法ばかりを考えていた。

2週間目になると、**私は完全に感情を失ってしまった。**プログラムされたAIように「オーディション受けませんか～」と台本をそのまま読み、命じられた最低限の作業だけをこなした。

3週間目、**私はお客さんの冷たい目線が気にならなくなっていた。**「マイクの音がうるさいからやめて」と言われても、笑顔で「すみませーん、気をつけまーす！」と、コミカルな返答ができるようになっていた。

そして迎えた最終日。この頃には**お客さんの反応を逆に楽しんでいる自分がいた。**人を楽しませてナンボの芸人である自分がみんなに迷惑がられている状況に耐えられなくなったので、自分で勝手に設定を考えて、ステージの上で一人歌ったり踊ったり、ときには奇声を発するなどのクレイジーなパフォーマンスもサービスとして提供していた。アミューズ・ブートキャンプのプログラムも無事完了。鋼《はがね》メンタル☆エミリンの誕生だ。

このとき私は思った。

筋肉と同じように、メンタルも鍛えることができるのだ。

それもたった1か月やそこらで。1か月前、マッチ売りの少女だった私が街中で突然踊りだすミュージカル映画の主役になっているのだからライザップもびっくりの変化である。

この経験のおかげで多少のことでは動じない図太い神経を手に入れることができたのだから、今となってはあの地獄の日々にも感謝している。

ありがとう、由比ヶ浜。
ありがとう、アミューズ・ブートキャンプ。

そんなこんなで、現在はコメントもリプライもDMもすべて読んでいるし、エゴサもしっかりしている。なんなら「エミリン」だけでなく「大松」「大松絵美」「おおまつえみ」「えみ」に加え、関連ワードまで細かくチェックしている。

だって、由比ヶ浜より辛い地獄はないのだから。

やりたいこと・なりたいものは
変わる。
だから、今何になりたいのかを
常に考える。

「自分が何をやりたいのかわからない」という相談がよくDMに届く。たしかに、夢はそのときどきで変わる。私も、もともと声優になりたかったし、アナウンサーになりたいと思っていたこともあるが、今はYouTuberの仕事に満足している。私一人を例にとってもこのようにどんどん変化しているので、定期的に**自分が今なりたいものチェック**をすることをオススメしたい。中学のときに塾の先生に教えてもらった**「日本一わかりやすい！　なりたいものの見つけかた」**を特別にみなさんに伝授したいと思う。

まず、自分が今**〈能力・容姿・お金〉に関係なく、自分がなりたいと思ったものに必ずなれる世界にいると仮定し、「本当に何にでもなれるとしたら何になりたいか」**という質問を自分自身に投げかける。その答えが**「自分が本当になりたいもの」**だ。もしそれが実現不可能な場合は、それに近い仕事を探せばいい。例えばたどり着いた答えが「アイドル」で、それが無理ならアイドルのマネージャー、衣装担当などそれに関わる仕事を目指してみるのもアリだと思う。人生が一度しかないなら、やりたいこと、なりたいもの、好きなことに携わっていけたほうがいいに決まっている。

私は今でも定期的にこの質問を自分に投げかけ、〝自分が今なりたいものチェック〟を行うように習慣づけている。

努力が必ず報われるとは限らないが、しないとしないで後悔する。

「努力は必ず報われる」とたかみなが言っていたが、**それは嘘だと思う。**私はそのことを小学校4年生のときに身を持って知った。

私のクラスは当時、先生に「クラス全員で逆上がりができるようになりましょう！」と言われ、一人残らず全員が一丸となって必死に逆上がりの練習をしていた。明石のとある小学校で局地的に起こった空前の逆上がりブームだ。連続逆上がりができるやつがモテる、みたいな謎のヒエラルキーすら生まれていた。その中で、逆上がりができない子が3人いた。もちろん、私もその中の一人だ。

先生は**「練習すれば逆上がりは誰にでも絶対できるようになる！」**と言っていた。私はその言葉を信じ、授業の合間の10分休憩、昼休み、放課後、および休日のすべてを逆上がりの練習に費やした。その頃の私はたかみなだった。努力は必ず報われると信じていたのだ。そんな猛特訓が一か月も続くうちに、クラスで逆上がりができなかった〝さんこいち〟のうちの二人が逆上がりを攻略した。

私はクラスでたった一人、逆上がりのできない落ちこぼれと化してしまったのだ。そのとき私は思った。**絶対できるなんて嘘じゃん、**と。遊ぶことも我慢して必死に努力した。それでもできないなんて、やっぱり絶対なんて嘘じゃんと泣いた。**この世に「絶対」なんてない**

という真理に気づいたし、このことがあって以降「夢は必ず叶う」とか、「努力は必ず報われる」という言葉をまったく信じられなくなった。これが、この頃はまだ素直だった性格が歪み始めるきっかけとなった最初のエピソードである。エミリン・エピソード・ゼロ。いわば大松絵美のオリジンだ。

あれから10年の時が流れた。

私は20歳になり、アナウンサーになりたいという夢ができた。自分で貯めたお金でアナウンススクールに通い、偶然知ったアミューズのオーディションをチャンスととらえてキャスター部門に挑戦しようと決めた。このオーディションは、事前の書類審査はなし、当日来場した人全員の面接を行うという少し特殊なもので、俳優・モデル・歌うま・声優・バラエティ・タレント・キャスター部門の中からどれを受けるかも当日選ぶことができた。私はもちろんキャスター部門を受けるつもりで会場に足を運んだのだが、実際はキャスター部門を受けなかった。すでにいろんなところで話しているが、キャスター部門に集まった人たちを見る限り、あきらかに全員私より美しかったのだ。そのとき私は本能的に「容姿だけでこの人たちに負ける」と思い、参加部門を即座にバラエティに切り替えた。その結果、このオーディションをきっかけにお笑い芸人の道に進むことになるのだが、そのエピソードは別の章で詳しく話しているのでそちらを参照してもらいたい。

お笑い芸人になり、その後ＹｏｕＴｕｂｅｒとなって現在に至るが、今でもたまにこのときのことを思い返してしまう。誰にも負けないくらい努力をしてオーディションに臨んでいたら、今頃私はアナウンサーだったかもしれないのになぁ、と。自分のアナウンス技術に確固たる自信がなかったから、容姿を理由に諦めた。結果的に落ちるかもしれないが、それでも全力で挑戦すればよかったと今は後悔している。もっと努力をしていれば、少なくとももっと自信を持ってあの場に立てていたはずだ。その自信があのとき私の背中を押してくれたはずだ。「努力が必ず報われる」はやっぱり嘘だと思っているが、努力をしなかったことが私の心で大きなわだかまりになっているのも事実なのだ。

もう一度言うが「努力は必ず報われる」とは限らない。

しかし、しないとしないで結局後悔することになるので、「たとえ叶う保証がなくても、やっぱり努力はすべき」と今の私は思っている。

負けても死ぬことはない。
その悔しさがエネルギーとなって
爆発力を与えてくれる。

学生時代、私は部活や受験などなにか大勝負に挑んだり、負けてものすごく悔しい思いをするという経験がなかった。

ひょんなことからオーディションを受け、お笑い芸人の道を進み始めた私だったが、お笑いに対して生半可な気持ちで取り組んでいたかと聞かれれば、まったくそうではない。必死だった。とにかくテレビに出たかったし、特にお笑い番組やバラエティ番組になんとしても出たいと思っていた。そのために必死にネタを書いて、このほうがキャッチーという理由でショッキングピンクの衣装を着た変なキャラクターを演じた。どんな辛い、キツい仕事もテレビに出るためと頑張った。

ちょうどその頃、顔が可愛いという理由でスカウトされた同じ事務所の女の子がゴールデンタイムのバラエティ番組に出演しているのを見た。

悔しかった。
ものすごく悔しかった。

今振り返っても、あのときより悔しいと思った瞬間はない。この世にはこんなに妬《ねた》ましいと感じる出来事があるのかと思った。しかし、当の本人はそんなに大層なことと思っていないのか、「私、お芝居がしたくて事務所に入ったのに」と言った。さらに「バラエティ番組なんか出たくない！　ホント最悪‼」と言って、私の怒りの炎に油を注いでくれた。

「あなたにとって『最悪‼』な仕事は、私にとってみれば喉から手が出るほどにやりたい最高の仕事なのに！　いらないいなら私にちょうだいよ！」と思った。

悔しかった。悔しくて悔しくて、その日の夜布団に入った後、勝手に涙が出てきて一人で号泣した。ひとしきり泣いたら、今度はまた心の底から彼女に対しての怒りが湧いてきた。

頭の中は「絶対あの女には負けたくない」という気持ちでいっぱいだった。

そのとき、私は今まで感じたことのない感覚を体験した。不思議なくらい全身にエネルギーがみなぎってきたのだ。

《悔しさがエネルギーに変わる瞬間》というのを実感した。

《負けて悔しい》という気持ちは、次に進むためのエネルギーになることを知った。

そこから、人が変わったようにネタを書き始めた。その日のうちに新しいネタを3本書き上げた。凄《すさ》まじい集中力で、今振り返ればあれは**ゾーンというやつ**だったのかもしれない。**後にも先にも、あのとき以上に体中にエネルギーが満ちるあの感覚を体験したことがない。**

悔しさは、人間が持っている最強の増強武器だ。怒りのパワーはとんでもない爆発力を生む。死ぬ気で努力して、その上でどうしても納得のいかない敗北をしたことで、初めてそのことを知った。負けたこと、悔しかったことがない頃の私はこのことを知らなかった。

負けるというのは怖いことかもしれない。それでも、人が成長したり、頑張ったりするために悔しいという気持ちは必要不可欠だと思う。

負けないように小器用《こぎよう》に立ち回ったり、負けてしんどい思いをするような目標に手を出さなかったりするよりも、悔しさをエネルギーに変えたほうが、結果的に人は頑張れる。

死ぬ気でやらなくても頑張れる。悔しければ頑張れる。

だから今、私は声を大にして言いたい。

大丈夫、負けても死ぬことはない。

Chapter 4

楽しく生きるために
やらないほうがいいこと

嫌われない。

後悔しない
生き方のススメ

「なんであのとき○○してしまったんだろう」という後悔で頭を抱えることはないだろうか？　私にはある。黒歴史はたくさん持っているタイプだ。

また、「なんで自分は嫌われるんだろう」と悩んでいる人も多いと思う。嫌われない方法を学ぶ機会は意外と少ない。

この章で紹介するのは「これはやめとけ」セレクションだ。

「こういうことはしないほうがいい」「こういうことは言わないほうがいい」ということが世の中にはたくさんある。「あのときもっとああしておけばよかった」というプチ後悔もたくさんある。

過去にやってしまった後悔がふとしたときに頭をよぎったり、そのときの相手との間にわだかまりが残ってしまったり、ほんのささいなことだったとしても意外とひきずることがある。

だから、私が自分の人付き合いや行動の失敗から学んだり、反面教師になるような出来事を通して感じてきた「これはやめとけ」をいくつかご紹介したいと思う。

私もまだまだ未熟者なので、きっとこれはほんの一部にすぎないと思う。それでも、まだ若くて経験が少なかったり、客観的に自分を見られなかったり、まわりに指摘してもらえないまま何が悪いのかわからなくて友達付き合いに悩んでいる人にとって、少しでも参考になるヒントがあれば幸いだ。

覚えたての言葉でマウントを取らない。それは「バカ」の自己申告だ。

22歳のとき、同級生がみんな社会人になった。すると突然、**みんな揃って急にビジネス用語というものを織り交ぜて会話するようになった。**久しぶりに集まった同窓会のことである。「リスクマネジメントを把握してからビジネスモデルを考案しないと」だの「そこをしっかりセグメントして」だの、いやいやちょっと待ってほしい。ここは友達同士の飲み会ではなかっただろうか？　ビジネス用語がまったく板についておらず、あきらかに会話から浮いていた。

彼らはおそらく普段絶対に使っていないだろう、というか新入社員である彼らの仕事に絶対まだ関係ないであろう覚えたてのビジネス用語でお互いかっこつけ合っていた。聞いているこっちが恥ずかしかった。ビジネス用語たちも、まさかこんなところで乱用されるなんて心外だろう。できれば然るべき場でかっこよく、スタイリッシュに発してほしかっただろうにお気の毒だ。

このときの経験から、**私は覚えたての言葉は慣れるまで使わないようにしている。**相手に、あのときの私のように心がムズムズする恥ずかしさを味わってほしくないからだ。

余談だが、このとき新卒社会の友達が、街中を歩いている大学生を見て**「いいな〜、大学生は。わか〜いｗ」**と言っていた。私たちも数か月前までは大学生だったはずなのに。

正論だけがすべてじゃない。
人付き合いにおいて
正論はときどき邪魔になる。

正論が必ずしも正解とは限らない。もちろん、正しいことはたしかなのだが、その正しい言葉はときに人を苦しめてしまうのだ。

大学時代、仲の良い友達（仮にA子とする）に「付き合っていた人が実は既婚者で、交際後にそれを明かされた。すでに好きになってしまっていて恋愛感情を止めることができない。結果的に不倫関係となっているが、自分はどうすればいいのか」と相談された。それに対する私の答えは**「不倫はいけないことだから絶対別れたほうがいいよ」**だった。誰でも言えそうなフォーマットどおりの回答だ。不倫がいけないことなんてA子もわかっていたはずだ。A子は「それはもちろんわかっているんだけどね……」と悲しい顔をした。結論から言うと、この「……」を最後に彼女は二度と私の前でこの件を口にすることはなかった。

A子の不倫関係は半年以上続き、まわりからは「あの人不倫してるらしいよ、最低だよね」と囁《ささや》かれ、A子は完全に不倫キャラになってしまった。

改めて言うが、たしかに不倫はいけないことだ。相談してくれたあのとき、かける言葉の正解が何だったのか、その答えは今でもわからない。ただ、**あのとき正論を振りかざしただけのアドバイスで彼女の心を救うチャンスを逃してしまったことだけはたしかだ。**

何事も自分を基準に判断してはいけない。

大学時代、仲の良かった友達はとても細くスタイルが良かった。にもかかわらず、よく「太った、ダイエットしなきゃ」と言っていた。当時体重60キロだった私は静かに苛《いら》ついていた。あまりにもその発言が多いので、勇気を出して本人に「痩せてるんだからそういうことあまり言わないほうがいいよ。『痩せてるじゃん』って言ってほしいようにしか見えないから」とはっきり告げた。これで少しは改善してくれると思っていたのだが、逆に叱られた。

「エミからしたら痩せて見えるのかもしれないけど、私のベスト体重は45キロ。それをずっとキープしていたのに、最近48キロになっちゃったの。私からしたらベスト体重から3キロも増えたことは大事件だし本当に太ったと気にしてるの。体重60キロの自分を基準に考えないでもらえる？」

完全に論破されてしまった。私はその場でごめんと謝った。

人にはそれぞれ「自分の基準」がある。太っていることを気にする私の前で痩せたいと言う友達も配慮が足りていないし、気心の知れた関係のおしゃべりで私の急な自己主張もやはり空気が読めていなかったと思う。これはお互いが自分を基準に殴り合った結果の惨劇だ。

それ以来、女性の容姿や体型に関する発言にはめちゃくちゃ慎重になった。褒め言葉であっても、独自の基準でムカつかれてしまうリスクがあるからだ。触らぬ神に祟《たた》りはない。

必要以上に写真を撮らない。
思い出は肉眼で見たほうが
しっかり自分に残るから。

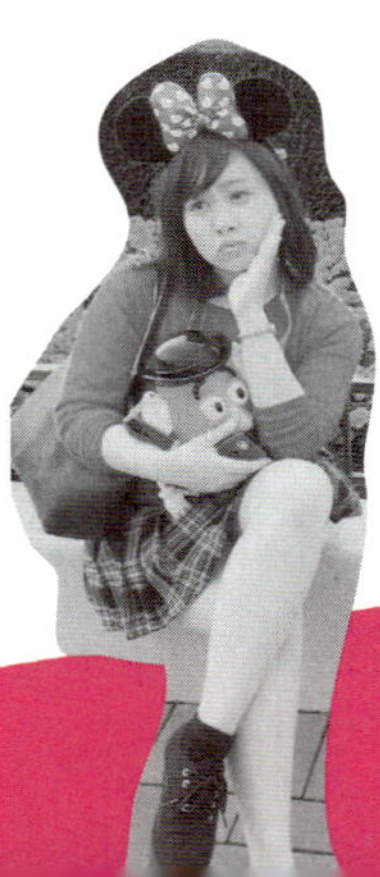

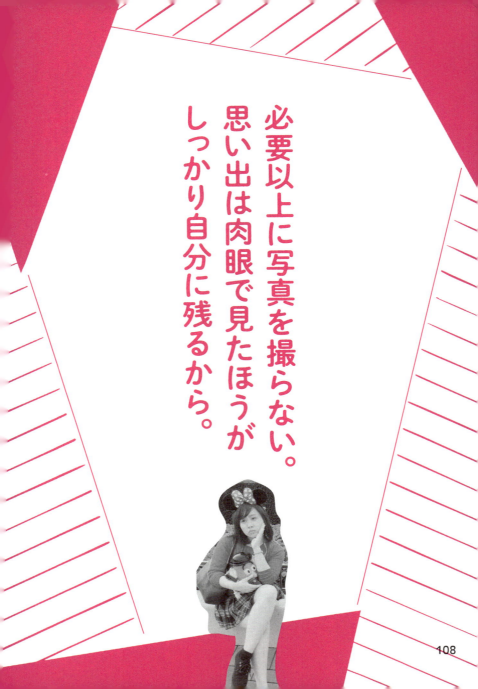

爆発的にインスタグラムが流行り始めた頃、友達とみんなで旅行に行ったことがある。当時はみんな〝いいね〟がもらえる写真を撮ることに必死だった。私も例にもれず流行に乗っかり、少しでも色鮮やかなもの、エモいと感じさせるものがあればずっと写真を撮っていた。

旅行先は東京だった。スカイツリーに上ったり、ディズニーランドに行ったり、浅草で浴衣を着て歩いたり、ザ・東京観光をしたはずなのだが、**不思議なことに、そのときの景色や会話の内容をほとんど覚えていないのだ。**

最終日のディズニーランドではお揃いのキャラの服を着てパークを回り、映えの限りを尽くした。そのときは心の底から楽しかったし、これぞまさに青春だと感じていた。しかし、旅行から戻って自宅で荷物を広げているとき、お揃いで買ったカチューシャを見てふと思った。これは本当に必要だったのか？　これを買うのに数千円が飛んだのだ。好きなキャラならこのカチューシャもいい思い出だが、特にこのキャラが好きだったわけでもなかった。

思い出、お金、その他いろいろ。いいね数を稼ぐために現場で犠牲になるものが多すぎるのだ。

以来、私は極力写真を撮ることを控えるようになった。写真を撮らなすぎてSNSに投稿するものがなく、困ることもある。それでもいいじゃないか。**記録に残らない分、記憶という名の心のアルバムにしっかりと刻み込まれているのだから……。**あ、言い方キモ。

お金があれば幸せというものでもない。

極貧の芸人時代、カツカツの生活の中での唯一の楽しみは、月に1度給料日に食べると決めていた牛角の焼肉食べ放題だった。これが唯一の楽しみで、唯一の贅沢だった。1か月間食べていなかった牛肉の喜び。たった3千円で最高の幸福感に包まれる。いくら食べても値段が変わらないという安心感も素晴らしい。案件のようだが、別に牛角のPRがしたいわけではない。あの時代の私にとって牛角は特別な日にしか食べられない特別なものだったのだ。

当時の私は思っていた。**牛角の食べ放題でもこんなに幸せなのに、いつか成功してお金持ちになって、叙々苑なんかに行った日にはどれほどの天国が味わえるのだろう**、と。

それなりの収入を得られるようになった頃、奮発して憧れの叙々苑に行った。初めての叙々苑ということもあり、ワクワクしながらお肉を食べた。**すごく美味しかった。美味しかったのだが、あの頃食べていた牛角と比べると幸福感が足りないと感じた。**頑張れば明日も食べられる高級焼肉より、1か月に一度の待ち遠しい焼肉を食べたときのほうが格段に幸せだった。

お金があればもっと幸せという思い込みで、目の前にある幸せを見逃してしまうこともある。

ガチャだってそうだ。1回ずつドキドキしながら回すのが楽しいのであって、金に物を言わせて全部回して、確実にお目当てをゲットできるようなやりかたじゃ、あの興奮と楽しさは1ミリも味わえないもんなぁ。

かない

絶対裏でバカにされる。

ギラつ

なんでも断捨離すれば
いいってもんじゃない。

上京したとき、アレルギー性鼻炎がひどく、寝ている間に鼻水を垂らす私のために母がティッシュケースを作ってくれた。ベッドにぶら下げる構造の大松母オリジナルアイテムだ。部屋に遊びに来た友人がそれを見るなり「なにこれ、ダサッ!!」と言った。その言葉を気にした私は次の大掃除でそのティッシュケースを捨ててしまった。

その後ティッシュを枕元に置くようになったが、寝返りでつぶしたり、はたき落としてどこかに飛んでいってしまうので、ティッシュの行方がわからなくて困った。

そのとき私は、母のティッシュケースが完璧だったことに気づいた。ベッドにぶら下げることで場所が固定されるので、どれだけ暗くても、寝ぼけていても、ティッシュを取りそびれることがない。巾着型で、ズボラな私にも出し入れがしやすいように作られていた。

もう一度あれがほしいと思った。しかし、無印を見てもニトリを見ても、そんなケースはどこにもない。あれは私の習性を完璧に理解した母の愛そのものだった。それをたった一度ダサいと言われたくらいで捨ててしまうなんて、なんて愚かだったんだろうと後悔した。

それ以来、私は**物を捨てる前に本当に不要かどうかを試す期間**を設けている。なんでも考えなしに断捨離してはいけないことを身を持って知ったからだ。この本を読んだ母が、もう一度あの巾着型ティッシュケースを作ってくれることを密かに期待している。

嫌われたくないなら
やめておいたほうがいい、人がイラッとすること7選

①「私○○なやつだから～」という自己紹介をしない

自称サバサバ女も、自称見る目ある男も、全部地雷の自己申告だと思われている。

②修正が利かないことで人をイジらない

身長や声など、努力でどうしようもないことをイジるのは、もうシンプルにいじめ。

③人の好きなものや知らないものを否定する

「見たことないけどああいうの嫌い」っていう人と本気で仲良くなろうとは誰も思わない。

④言っちゃダメって言われたことは絶対言っちゃダメ

口が軽い人は友達関係でも仕事関係でも信頼が得られず、いずれ不幸になる。

⑤人の悪口を告げ口しない

言われた人も密告された人も傷つけるし誰も得しない。そして次は絶対あなたの番です。

⑥人の努力をバカにしない

頑張ろうという気持ちをくじくのは、その人の成長の機会を奪うこと。
長年にわたる恨みを買う。

⑦人の話に高速で相槌を打たない

人の話を聞く態度じゃない。子供の頃の「ハイは一回」は意外と大事な教えだ。

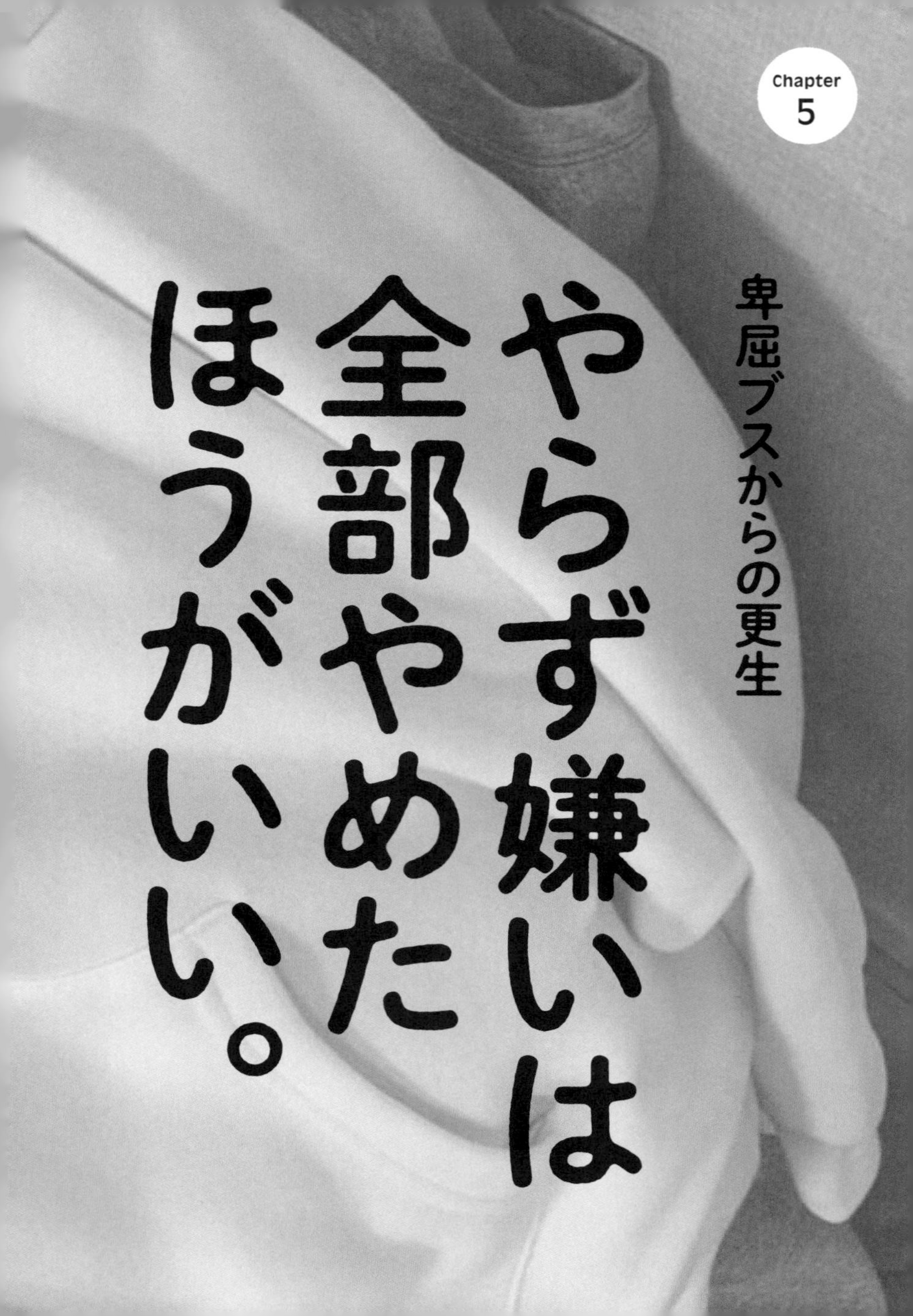

Chapter 5

卑屈ブスからの更生

やらず嫌いは全部やめたほうがいい。

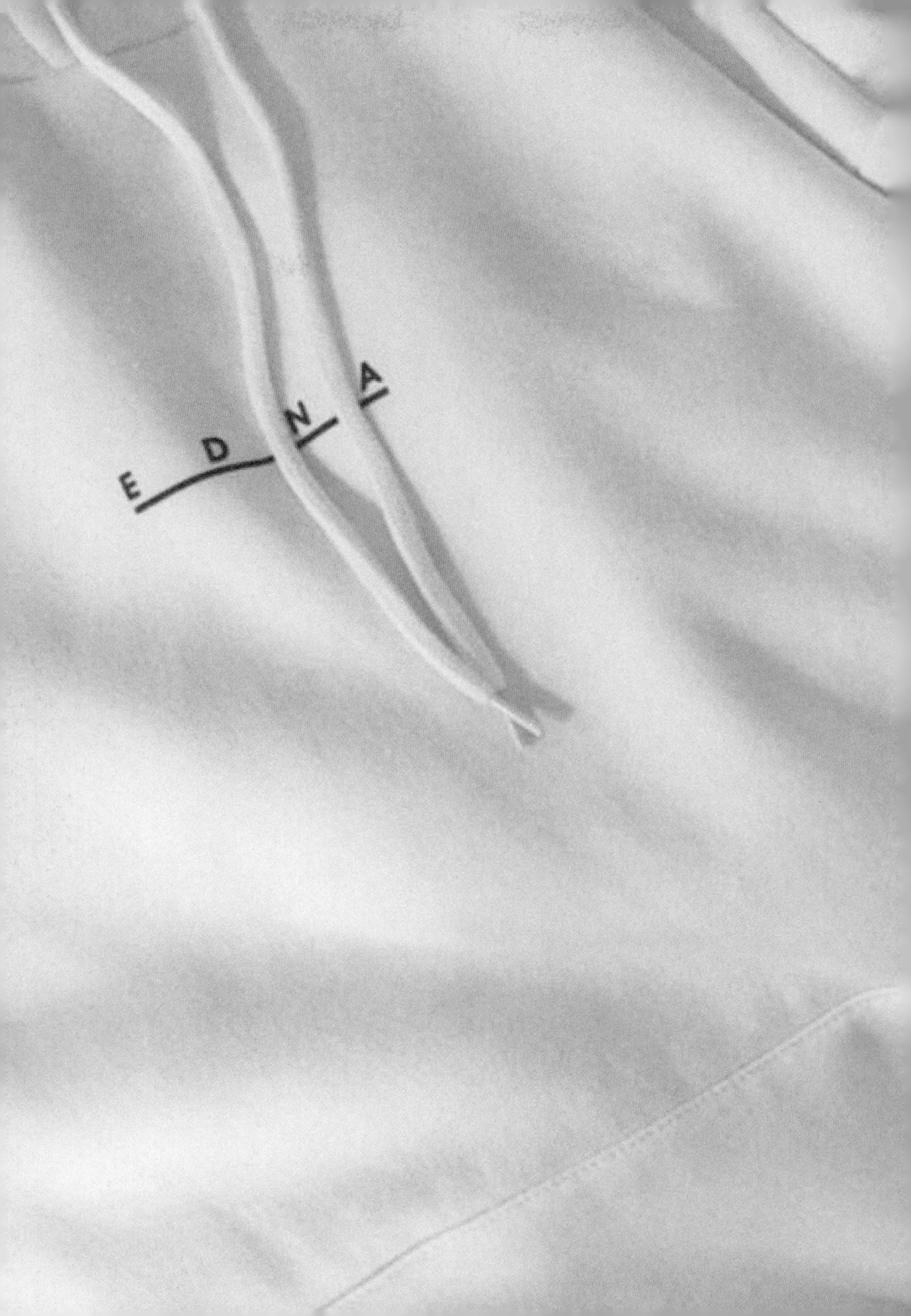
EDNA

卑屈をこじらせにこじらせていた頃、私はすべてのものに対して片っ端から否定しまくっていた。動画にもしっかり残っているので、見てくださった人もいると思う。

特に、おしゃれとかメイクとかについては、「私はやらない！」「あんなやつらはくだらない！」と片っ端からイチャモンをつけた。

今思えば、「できないこと」を「やらないだけ」っていう設定にしたかったのかもしれない。小中高生のひねくれた時期にみんなが使いがちな言い訳だ。私の例は極端だが、人には「やらなくて損している」ことがたくさんあると思う。最近それに気づいた。

世の中、とりあえずなんでもやってみる人がなにかと成功している気がする。失敗もあると思うが、何かを得るためにはまずやってみないことには何も始まらないということなのだろう。あの頃はわからなかったが、今はわかる。

過去の私の世界全否定系動画を好きだと言って共感してくれた人たちにも、謝罪の気持ちとともに「やらず嫌いをやめてみる」という挑戦をしてほしいと思っている。

以前私が見ていたのが視力0・3くらいの世界だったとしたら、1・0くらいいろんなことが一気に見えるようになる。できることも増えるし、どんどん先が見通せるようになる。

ささいなことでもいいので騙されたと思って試してみてほしい。

美容院を

おばさんヘアから

変える。

emirin1004 ···

emirin1004 髪の毛染めて切って巻いてもろた！
どう？どう？ねぇどう？☺☺☺

2019年7月27日

今どき女子になれる

おしゃれな人と友達になると
違う人生の可能性が
見えてくる。

ほんの1年ほど前まで、私は服を見ても「布だな」としか思えなかったし、アクセをつけたり高いバッグを持っている人を見ると「自分を大きく見せようと頑張っているみたいで嫌だな」と考えてしまい、ファッションを楽しんでいる人の気持ちがまったくわからなかった。

YouTuberになってからいろんな人たちと出会う機会が増え、私の人生の相関図にも**おしゃれな友達**が登場するようになった。彼女たちはみんな、帽子ひとつ、アクセひとつで「どっちがいいかなぁ」と悩んだり、同じような色の服を見て「こっちの色は可愛いけど、こっちの色はダサい」とか言っていて、最初は正直意味がまったくわからなかった。

私から見たら、ピンクは全部ピンクだし、茶色は茶色だから、**コーラルだのサーモンだのテラコッタだのラテだの、微妙な色のバリエーションの楽しみかたなんかまったく理解できなかった。**皮肉とか、ひねくれているからではなく、シンプルに疑問に思っていたのだ。一体何が違うのだと。

当時の私は本当におしゃれに対する感度が低かったのだが、彼女たちと関わっていくうちにちょっとでも可愛くなりたいとか、好きな人に可愛いと思われたいとか、イキっているのとはまた違う愛らしい目標を持っていることに気づいた。**マウントではない、純粋な向上心を持っておしゃれに取り組んでいることがわかったのだ。**

彼女たちと知り合ってから、もうひとつ変化があった。おしゃれな友達は「こういう服似合うと思うから着てみたら？」とかアドバイスをくれるし、一緒に買い物に行ってオススメのお店を教えてくれたりもする。そうして服に触れ合う機会が自然と増え、私にもおしゃれの楽しさが少しずつわかるようになってきたのだ。**今までの私は、自らおしゃれアレルギーを発症していたのかもしれない。**おそらく本心ではおしゃれに憧れていたけど、**自分に服を選ぶセンスがなかったから無意識のうちに興味のないふりをしていたのだと気づいた。**

実は私にもおしゃれになりたいと努力した時期があった。中学生くらいのとき、ファッション誌を見て自分も真似してみようとしたのだが、同級生に「変だよ」といじられたことでおしゃれをするのが怖くなった。今まで雑誌やテレビで見てきたファッションは、専門用語やフィーリングの話がガンガン飛び交う理解不能の世界だった。でも、おしゃれな友達は、私にとってマンツーマンの家庭教師だった。私のレベルに合わせ、わからないところを解説してくれたり、似合わないものを選ぼうとすればこっちのほうがいいかもとアドバイスしてくれる。おかげで今では、サーモンピンクとコーラルピンクの違いもわかるようになってきた。変だと思ったら直接指摘してくれるので、ファッションで失敗することも減った。最近では「今日の服似合ってるね」と褒められたり、「その服どこで買ったの？」と参考にしてもらえることすらある。それがどれだけ嬉しいことなのかも知った。

昔の自分と同じ悩みを抱える人からDMが届いた。**おしゃれがわからない、できない、向いていない**など、リプやコメントなどを見ている中でも**同じ悩みを抱える人が大勢いることに気がついた。**ようやくおしゃれアレルギーを克服した私は、この人たちにもおしゃれの楽しみかたを共有できたらと思った。アパレルブランドのプロデュースを始めたのはこれが理由だ。

おしゃれが苦手だった頃の私は、おしゃれじゃなくてもいいからとにかくダサいと思われない服がほしかった。自分にちょうどいいレベルの服がほしかった。

今の自分がすごくおしゃれになったとは思っていないし、正直まだまだ服を着こなす自信もない。それでも、かつての自分と同じような悩みを抱えている人がこんなにたくさんいるなら、体型にもセンスにも自信がないという人も楽しめる、胸を張って着られる服を作りたいと思った。それが「エドナ」だ。どうやって着ても変じゃなくて、体型に自信がなくても無理なく着られる、いい意味で普通の服を目指した。

これをきっかけに少しでも多くの人がおしゃれに楽しさを見出してくれたらいいなと、昔の、いや2〜3年前の自分からしたら考えられないような夢を抱いている。

「○○のくせに」はもう時代遅れ。肩書にとらわれず何にでも挑戦してみる。

ＹｏｕＴｕｂｅｒの登録者が１００万人を超えた頃、芸人としてネタ番組に呼んでもらえる機会が増えてきた。一度芸人を辞めた立場ではあったが、当時あれだけ憧れたテレビに出られるということがとても嬉しかった。しかし、一部からは**「ＹｏｕＴｕｂｅｒが芸人の枠を奪うな」**とか、**「芸人を諦めたくせに、ＹｏｕＴｕｂｅで売れたからってずるい」**などという批判の声も受けた。自分が頑張っている仕事に他の肩書の人が踏み込んでくることをよく思わない人たちもいる。実際、過去の自分もそういう気持ちを抱いたことがあるので共感はできる。思えば、昔からどんな職業もわりと縦割りシステムで、お互いに干渉することに抵抗が強かった気がする。

最近、それに逆転現象が起きている。**肩書きにとらわれずいろんなことにチャレンジするというのはやって当たり前のこと**になりつつあるし、ＹｏｕＴｕｂｅで成功するにしても他でなにか力をつけたり、武器を見つけることが必要とされる。

これはＹｏｕＴｕｂｅｒに限ったことではない。自分が専門としていること以外にも積極的に挑戦して、それを武器にしていくやりかたが評価される時代になってきているのだ。

ところで、そんな変化が起こる前から女優さんやアイドルが体を張ってバラエティに挑戦するときだけは、むしろ好感度が上がっていた。この違いは何なんだろう？　顔？

コンプレックスは金で殴る。

肌をキレイだと褒めてもらえることがある。大変ありがたいことなのだが、実は私は必死にそばかすを隠して生きてきた。コンシーラーで丹念に消し、ファンデを厚塗りした。すっぴんと言って撮影しているときも、照明をガンガンにして飛ばしていた。肌を褒められてもずっと後ろめたさがあった。人にしてみればささいなことでも、**一度コンプレックスを認識してしまうと常に意識してネガティブになってしまう。**メイク崩れが怖かったし、プールや温泉でも人に見られるのを気にしてずっとソワソワしていた。

脱毛で通っていたクリニックで、ふと先生にそばかすのことを相談してみた。すると、「このくらいなら取れますよ」とあっさり返され、びっくりした。当時はお金もなく、美容に興味もなかった私には、**コンプレックスがお金で解決できる**という発想がなかった。

1回3万5千円だというその施術を受けてみることにした。半年ほどすると、なんの気兼ねもなく人前ですっぴんになっている自分に気づいた。本当に何事もなかったかのようだった。あれだけ苦しめられていたことからこんなに簡単に解放されるんだと思った。**お金はかかるかもしれないが、それでその呪縛から解き放たれるのであれば安いものだ。**

思えば私の尊敬する牧野つくしも言っていた。「美しさを金で買って何が悪いのよ！　あんたらだってお金で買いたいもんかうでしょーが」と。やっぱりつくし様は偉大だ。

楽 し ん で み る 。

バーベキューで
人に気を使いながら
野ざらしにされて
雑に焼かれた肉を
食べるよりも

たまには孤独を

一人でゆっくりと
自分が食べたいお肉を
自分が食べたいペースで
食べるほうが楽しい

ネガティブブスになったら決死の覚悟で自己肯定感の軌道修正をしなければならない。

世の中には大きく分けて4つのタイプのブスがいる。

①勘違いブス……自己肯定感オバケ
②ポジティブブス……現実調和型
③ネガティブブス……自己肯定感ゼロ
④卑屈ブス……モンスター

この4種類だ。

私は25歳の頃、このブスヒエラルキーの最底辺・卑屈ブスだった。

ブス界で本当の意味の勝ち組は、勘違いブスだと思っている。彼女たちは、服を買いに行って、ショップで「お似合いですね、可愛いです」と言われれば真に受けて、「やったー！　私って可愛いんだ♡」とはしゃげるレベルの自己肯定感の持ち主だ。世間の認識とズレがあるので裸の王様にはなってしまうが、そこはご愛嬌。明るいので割とまわりにも愛される。

世間的にもうまくやっていける生きやすさならポジティブブスが一番だ。同じように店員に褒められたとき、彼女たちは「こういう服って着たことなかったけど、似合ってるって思ってもらえたんだったら嬉しいな」と考え、素直に「ありがとうございます」と言える。自己評価と世間と大きなズレがないので無害なところもちょうどいい。

ネガティブブスはというと「こんなの私に似合っているわけない」と、褒められることでさらに自信をなくしてしまう。世の中のブスの中で一番多いタイプではないだろうか。

卑屈ブスはというと、「営業トークがお上手で何よりですぅ！『似合ってます』とか言ったら買うと思って言ってるんだろうけど、私そんな簡単に買うような人間じゃないからァ！内心どうせあざ笑ってるんでしょ？『わー！ブスがおしゃれな服着て着飾って頑張ってるw 豚に真珠♡ プークスクス』とかいってあざ笑ってんでしょもうやめてそういうの！私に接客しないで！ 私に話しかけてこないでぇえええ！」。一言でいうとモンスターだ。

人間誰しもスタートラインは勘違いブスから始まる。子供の頃はディズニープリンセスに憧れて「私もお姫様になりたーい♡」となりきって遊んでいたりしたはずだ。そこから大人になるにつれて厳しい現実「みんなより可愛くない」を突きつけられて、社会の荒波「お前ブスなんだから調子のんなよ」に揉まれて、気づけばどんどんブスヒエラルキーの階段を下り、段階を経て卑屈ブスにまで成り下がってしまうのだ。

勘違いブスのように自己肯定感という鎧《よろい》もなく、周囲からもとっつきづらい茨《いばら》をまとってしまっている**最も面倒くさいブス・卑屈ブスにならないために必要なことは、定期的なメンタルのケアと細かな軌道修正だ。**

ブスが謙遜して、ブスな服を着て、ブスな化粧をしだしたらもうブスだ。可愛くなるための努力ができる、自分に少しでも自信を持って明るくいられる勘違い&ポジティブブスでいられることが重要なのだ。一度ネガティブブスにまで下がってしまったらそこで軌道修正をしないと取り返しがつかない。卑屈ブスまで行ってしまうと、そこから戻るためには中村倫也と付き合うくらいの奇跡の自己肯定感爆上げイベントがないと這い上がれないのだ。

卑屈ブスは扱いづらいから友達も少ない。卑屈ブスはめんどくさいから周囲に人が集まってこない。卑屈のスパイラルでどんどん性格のネジ曲がったモンスターが出来上がっていく。

私は周囲の助けや自己肯定感更生プログラムを経て、なんとかポジティブブスにまで這い上がることができた。できた気がしている。そんな卑屈ブスからの帰還兵として、すべてのブスにこの言葉を捧げたい。**「褒められることを恐れるな」**。現場からは以上です。

アンチ

VS.
ANTI

VS.

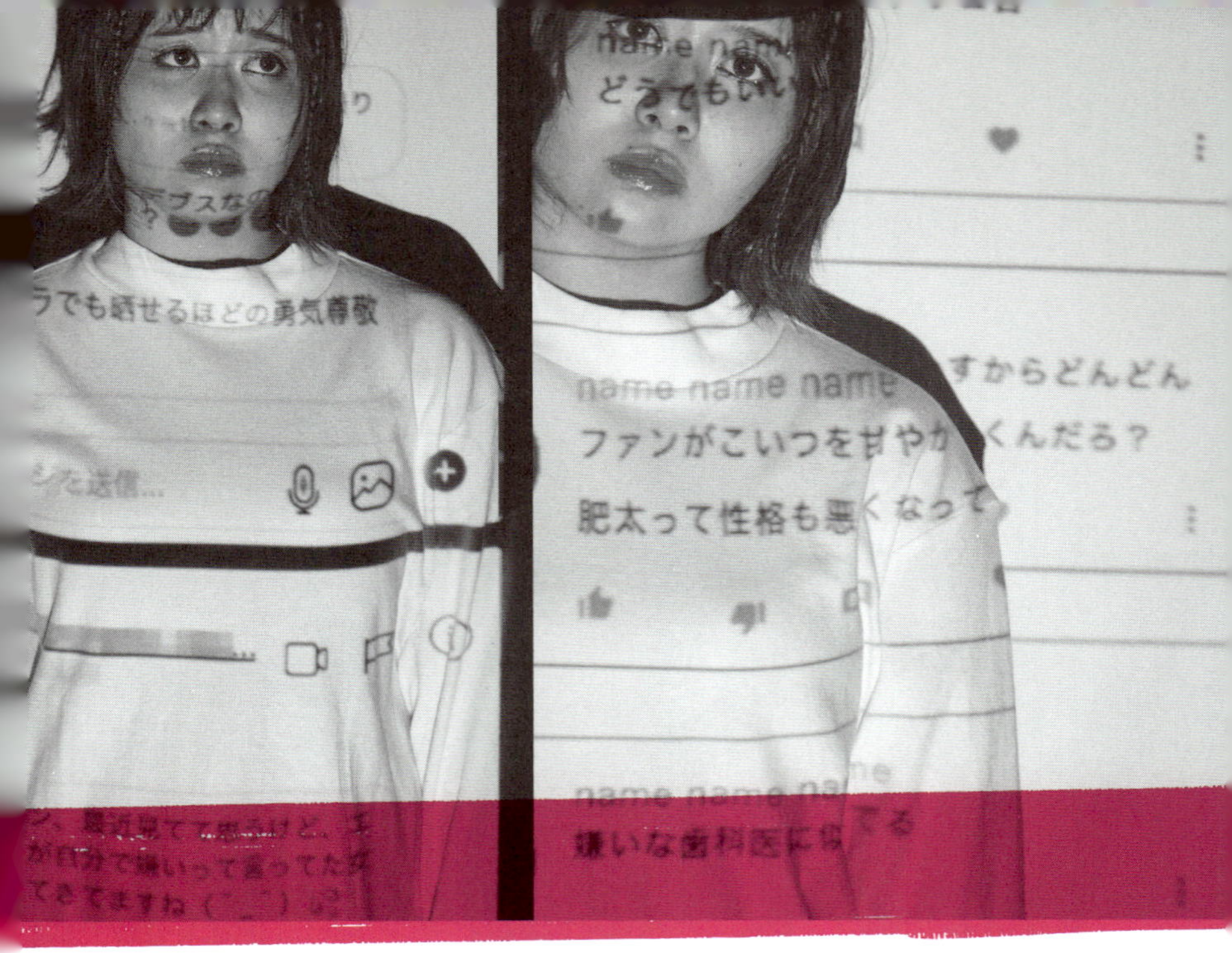

知名度ゼロの芸人時代、私は何をやっても誰からも反応がもらえなかった。そんな虚しさを抱えながら活動をしていたので、Twitterで動画がバズって初めてたくさんのコメントをもらったとき、本当に嬉しくて仕方なかった。中には私を叩くものもあったが、反応してもらえたことが純粋に嬉しかった。私のアンチコメントの第一印象は「コメントありがとう!」だった。

しかし、アンチコメントに対する感情は時期だったり、メンタルの状態によって変わる。アンチコメントばかりが目について、思うように動画が作れなくなる時期もあった。その頃はアンチの人がどう思うかばかりを過剰に気にしていた。健康状態が良くなかったり、仕事がうまくいっていないと攻撃を受け流す余裕がなくなるのだろう。そういう時期だったんだと思う。

VS. ANTI

最初、アンチの心理がよくわからなかった。どうして会ったこともない私に対して死を願うほど恨みを抱くんだろう？ということが疑問だった。でも、ある日気づいたのだ。きっかけは元アンチの人からのDMで「以前、親との関係がうまくいかなかった時期にストレスを発散するためにアンチ活動をしていました、申し訳ございません」という内容だった。アンチ＝悪い人というわけでもないのかもしれないと思った。「ブス！デブ！」みたいなコメントも、思春期の子がストレスを抱えて、それを発散するために書き込んでいるのだとしたら、サンドバッグになるくらいは別にいいか、と思えるようになった。

最近はSNSでのいじめや嫌がらせも多いし、第三者から傷つく言葉を投げられることが誰にでも起こり得る時代だ。そんな

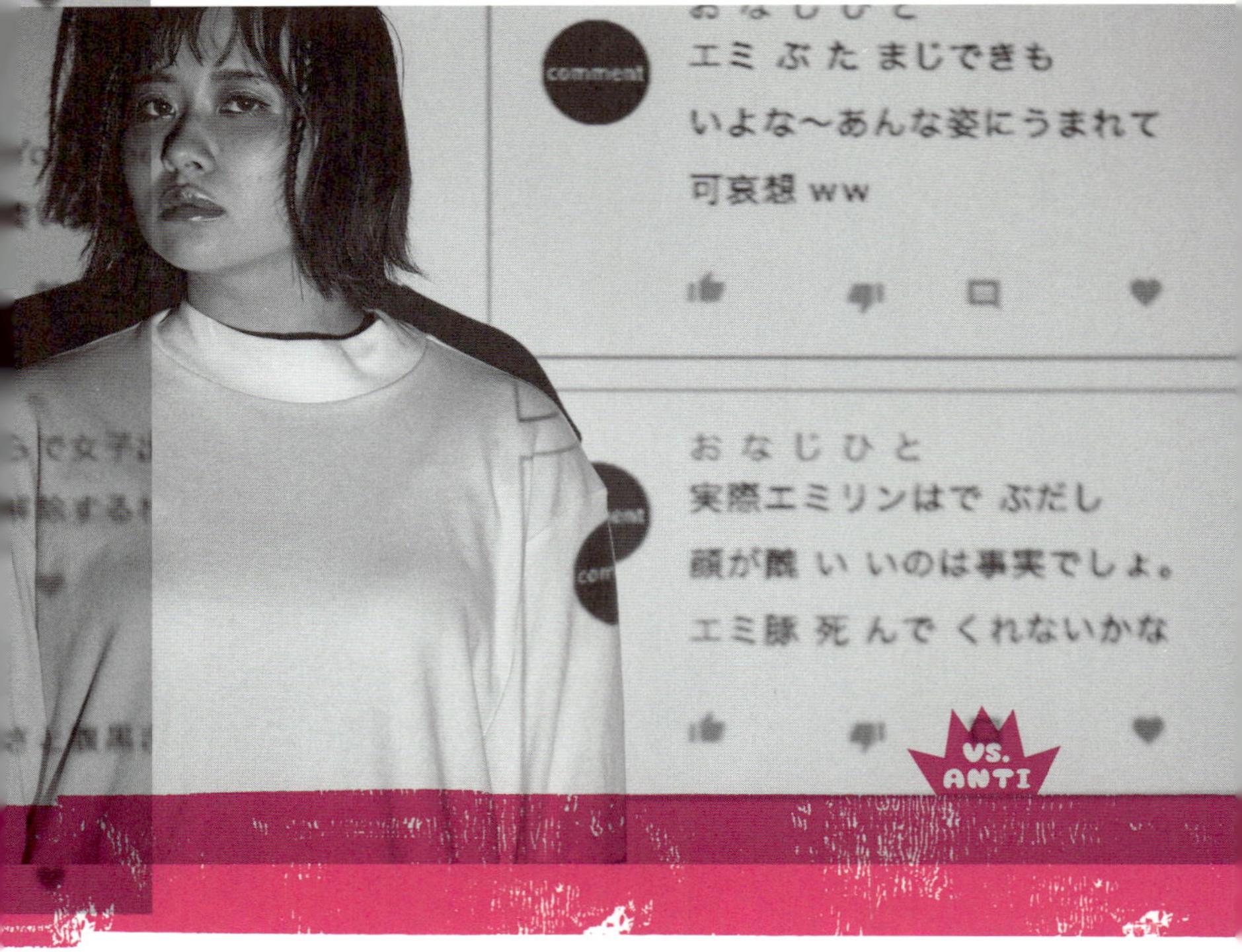

ときの対処法として、「言葉そのものに傷つく前に、書いた理由を想像する」というのをオススメしたい。私の大好きな『鬼滅の刃』にも、悲しい過去を知ったことで許せる鬼もいた。アンチにもアンチの事情があるのだ。アンチコメントに対して勝手な理由を想像して、勝手に同情すればいい。「ブス」と言われたら、きっとこの人も容姿にコンプレックスがあるんだろうなと考えれば仕方ないかと思えるし、「キャーキャーはしゃいでウザい」と言われたら、何かで落ち込んでいて楽しそうな人を見るとイライラするんだろうなと思えばいい。

また、アンチからは学ばせてもらうことも多い。きつい言葉だけど実は指摘や意見というケースもあるので、本当に自分を思って言ってくれているものに関しては、切り分けて向き合うよう心がけている。

ただ、中には耐えられない種類のものもある。大人からの本気の悪意というやつだ。「私の娘があなたのような活動をしていたら親として恥ずかしい。あなたみたいな子供じゃなくてよかった」というメッセージをもらったことがある。生き様の全否定だ。こればっかりは友達にでも話して笑い話として消化するしかない。一人で抱え込んでいたら精神をやられてしまう。仮にもしこれを読んでいる中にこんなことを他人に言っている人がいたら、どうかやめてほしいと、この場を借りてお願いしたい。相手によっては取り返しがつかないことになる可能性もあるのだ。

SNSでの誹謗《ひぼう》中傷は、結局は実際の自分を知らない人からの攻撃だ。自分なりのやりかたで心をガードすれば、そんなに怖いものではなくなるはずだと私は思う。

Chapter 6

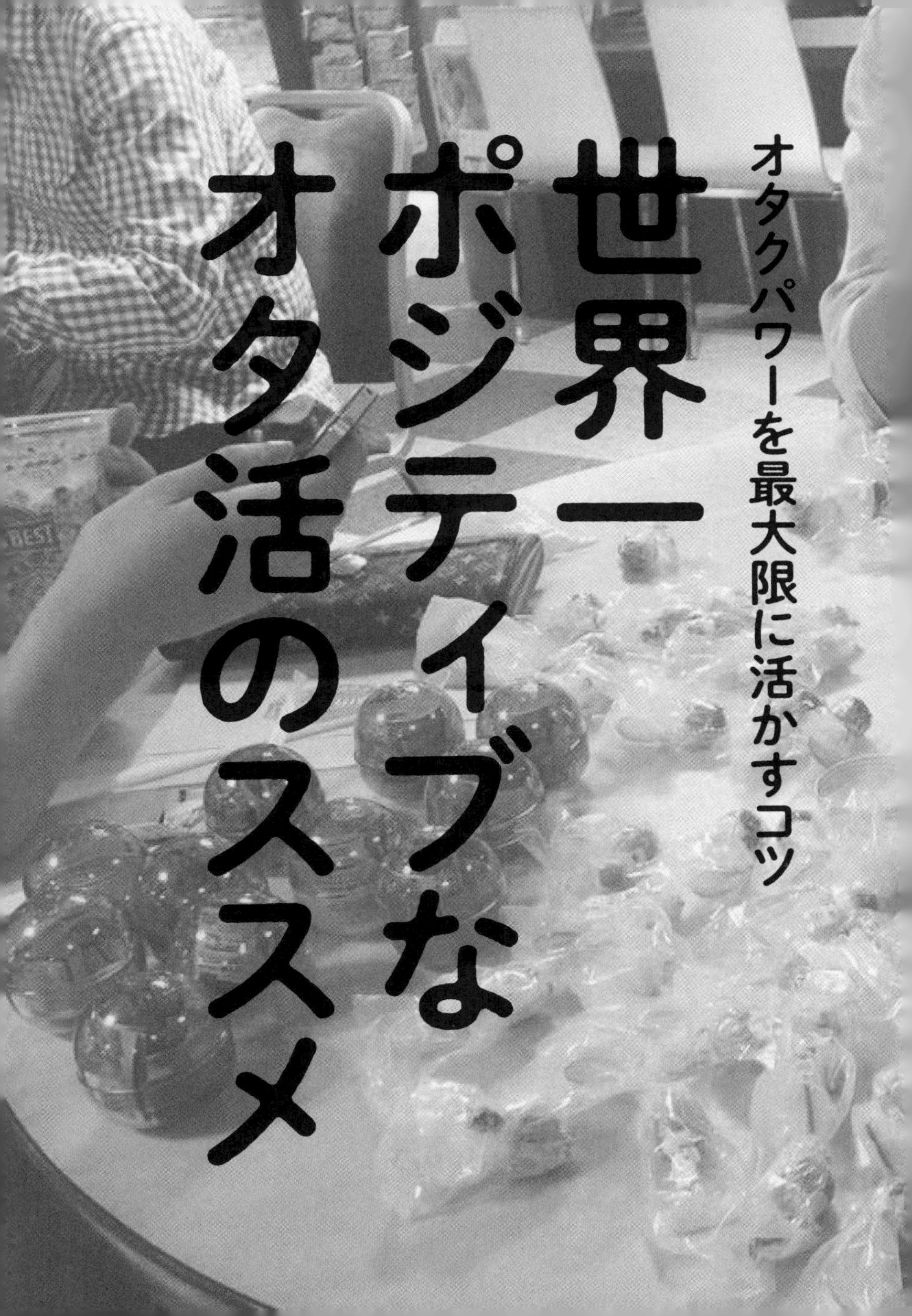

オタクパワーを最大限に活かすコツ

世界一ポジティブなオタク活のススメ

今、日本のオタクシェアはとんでもないスケールになっている。これを読んでくださっている人の中でも、「私〇〇のオタクです」という人の割合は半数を超えていると思われる。漫画やアニメだけじゃない、アイドルや歴史など、趣味にのめり込んでいる人ならみんなが参考にできるだろう話をさせていただきたい。

オタクが平和に、幸せに〝推し〟を愛するためのＨＯＷ ＴＯだ。

オタクの人間関係は難しい。同じものを好きな界隈のはずなのに、同担拒否やマウント、地雷、学級会、ハブりハブられもしょっちゅうある。内戦だけでも大変なのに、外からも妙なレッテルを貼られがちで、ついネガティブになってしまうことも多い。

オタクは経済問題も抱えがちだ。自分を満たす趣味のための散財が自分の生活を苦しめるくらいに膨らんでしまうことがある。自制心の問題だ。経験者なら制御のしようもあるが、未来のオタクにはそういうリスクも知っておいてもらいたいと思う。

ただ、オタクには特殊なスキルがあると思っている。それを大いに活かすべきだし、誇るべきだと思っている。オタクであることを自己肯定感につなげる方法があることに気づいたのだ。

人間関係も金銭問題も全部解決して自己肯定感もアップする。好きなものもある。そんなオタクになれたら世界一幸せなのではないだろうか？　そんなオタ活のススメをまとめてみた。

生活費に手を出し始めたら
オタ活は辞める。
何事も適度に楽しむこと。

大学生のとき、私は恋をしていた。振り返っても彼よりも愛した人はいないと言っても過言ではないくらい大好きだった彼氏がいた。その名も「斎藤一《はじめ》」。**新選組三番隊組長・斎藤一その人だ。**

当時、私は新選組と恋愛ができる女性向け恋愛アドベンチャーゲーム『薄桜鬼』にハマっていた。(『薄桜鬼 ～新選組奇譚～』２００８年にオトメイトから発売された超人気女性向け恋愛アドベンチャーゲーム。史実を取り入れつつも独自のストーリーで展開していく幕末で、主人公の雪村千鶴が新選組隊士たちと恋愛模様を繰り広げる。斎藤一はその中の攻略対象の一人で、作中でも屈指の人気を誇るキャラクター)

アニメ・舞台化もしていた超人気作品だったので、本来であれば舞台もオタ活の選択肢のひとつだったのだが、**その頃の私はアニメ作品の実写化については圧倒的に反対派だった。**

２次元作品のキャラクターを３次元の人間が演じるなんて、そんなのただのコスプレじゃないか。**私の大好きなはじめくんは画面の中にしか存在しないのに。**コスプレとしか思えないカラフルなウイッグ、はじめくんがしているはずもない派手なメイク。そんなわけあるかと嫌悪感すら抱いていた。

そんな私の運命が変わったのは、２０１４年5月16日。たまたま実家に帰省していたとき、ちょうど神戸でミュージカル『薄桜鬼』～風間千景篇～の公演があるらしいという情報をキャッチした。どうやら当日券もあるらしい。このときも実写化反対という主義は曲げていなかったが、世の中を騒がせている2・5次元の舞台というのがどれほどのものかを一度この目でたしかめておこうと思った。私のはじめくんが一体どのように料理されているのかを。

観劇した私は衝撃を受けた。あの大好きなはじめくんが実在したのだ。自分の目の前で息をして、刀を振りかざしていた。一瞬で心を奪われ、2・5次元にのめり込んでしまった。ここから先は作品のネタバレになってしまうが、結論から言うとこのミュージカルのラストで私の最愛の人・はじめくんは亡くなってしまう。完全に作品の世界に入り込んでいた私は、はじめくんの死が受け入れられなかった。もう一度だけでいいから、生きていた頃のはじめくんに会いたいと思った。気づけば翌日も私は劇場にいた。というか、その公演は全通した。

神戸公演が終わってしまい、「もうはじめくんには会えない……」と私は泣き崩れた。そんな私に公式Ｔｗｉｔｔｅｒから思わぬ吉報が届く。

「東京公演もよろしくおねがいします」

「こちらこそよろしくおねがいします」だった。東京へ行けばもう一度はじめくんに会えると、その日のうちに夜行バスとホテルを手配した。全公演が終了したとき、私が通った回数は10公演に上っていた。

千秋楽が終わる頃には、私ははじめくんのことが前よりももっと大好きになっていたし、私の大好きなはじめくんをここまで忠実に演じてくれる俳優さん、松田凌くんのことも大好きになっていた。**こうして私の2・5次元オタクのデス・ロードの幕が開けた。**

2・5次元舞台というのは本当に恐ろしい。その理由を3つ挙げたいと思う。

まず1つ目の理由、終わりがない。今回は風間千景篇だったが、次は○○篇という形で公演は続いていくので、新作のたびに足を運ばざるを得ない。

2つ目の理由、役を演じる俳優さんが定期的に入れ替わる。ちなみに、このとき斎藤一を演じた松田凌くんはこの公演をもって卒業してしまった。次作の藤堂平助篇からは後輩の橋本祥平くんが演じたのだが、これまた大変素晴らしいのだ。

私は原作のはじめくんも追っかけなければいけないし、松田凌くんも追っかけなければいけないし、橋本祥平くんも追っかけなければならなかった。推しがどんどん増えていき、お金が減るスピードも加速度的に上がった。

そして3つ目の理由、ランダムグッズが多すぎる。何が出るかわからないというガチャ要素に燃えるオタク心を熟知したグッズ展開は、見事に私の心に火をつけた。私は幼児期以来の筋金入りの収集癖の持ち主だ。出ているからには集めざるを得ない。

ランダムブロマイドにランダム缶バッジetc.　最初は運試しくらいの気持ちで「推しが出ればラッキーだなぁ」と思い、まずは2~3個買ってみるのだが、そう簡単に目当てのものはゲットできない。すると、「せめて推しのブロマイドだけでも揃えたい」というオタクとしてのプライドに火がつき始める。推しのブロマイドがすべて揃うまでと思って引いていると、「これ、もう少し頑張ったら全種類揃えられるんじゃね?」と欲が出て、ここまで来たら全部揃えたいという心理が働き、全部揃えるまで買い続けてしまうのだ。

こうして気づかぬうちに散財に散財を繰り返した。**これら3つの理由により、私の上京のための貯金はあっという間に溶けてしまった。**全財産である。

それでも、オタクとして公演も観に行きたい、グッズも買いたい、これぐらいしないとその人のファンとして失格なのでは……という謎の使命感にも駆られ、ついには生活費を削り始めた。バイトも増やした。

推しのためだけに日々を過ごすというオタクのデス・ロードを爆走し、ついには翌月の家賃が払えないという状況に陥ってしまった。このままでは住む場所がなくなってしまうかもしれないという現実に直面し、私はようやく我に返った。このままでは人間としての尊厳を保つ最低限度の生活すらもできなくなってしまう。

そもそも、オタク活動は趣味の一環であり、娯楽であるはずなのに、私は自分を追い込み、苦しさに耐えながらオタ活をしていた。完全に本末転倒だ。

このことはオタクの人なら周知のことだと思うが、学生さんや一度もなにかにハマったことのないカタギの人にこそ知っておいてもらいたい。**オタ活も、我慢が利かなくなる前に自制を覚えることが上手に楽しむコツなのだ。**

私は自分が自分じゃなくなってしまう2・5次元中毒の沼から足を洗った。今でもときどき無性に2・5次元ミュージカルがほしくなることがあるが、自分の性格上また確実にオタクのデス・ロードに踏み込んでしまうことがわかっているので必死で気づかぬふりをしている。

ちなみに、今もミュージカル薄桜鬼は続いている。行きたい……行きたい……行きたい…

コミケを攻略するスキルは、
どんなビジネス本より
社会において役に立つ。

私が初めてコミケに参戦したのは高校2年生の夏休み。

アニメと同人誌とニコニコ動画（歌い手）が生きがいだった私にとって、コミケは夢がすべて詰まった憧れの場所だった。大好きなアニメのグッズや新作の同人誌、歌い手のCDなどがすべて同時にゲットできるなんて……と、期待に胸を膨らませていた。

しかし、現実は残酷だった。コミケ、そこはまぎれもなく戦場だった。

当時、まだ高校生ということもあり金銭的に余裕がなかった私は、夜行バスに乗って有明に上陸した。この夜行バスの売りは始発電車よりも早く会場に着くことだったので、徹夜禁止のコミケにおいて私は無敵。すでに勝者の気持ちでいた。

到着するとすでにおびただしい数の人が待機していた。まるで人がゴミのようだ。

理不尽だ。徹夜は禁止のはずなのに。私は到着してすぐに社会の理不尽さを学んだ。

開場まで適当に時間をつぶすと、いよいよ夏コミの始まりだ。開場と同時にみんなが見たこともないような高速早歩きをし、それぞれの目的地へ進んでいく。異様な光景だった。

もともと方向音痴な私は、カタログを握りしめて必死でお目当ての歌い手CDのブースを目指すが、頼りの案内看板は人の波に埋もれて見えず、目的地は一向に見つけられなかった。

昔から「道に迷ったときは、人に聞けば教えてもらえる」とお母さんに言われていたので、歩いている男の人に「すいません……」と勇気を出して話しかけた。だが、冷ややかな目で見られ、手を振り払われ、これ以上もないほどの冷酷さで無視された。ここは日本じゃないと思った。今まで男の人は女子高生だからという理由で無条件に優しくしてくれたのに、この男の人たちは2次元にしか興味がないのか、生身の女には手を差し伸べてくれなかった。世間の冷たさを学んだ。

目的地もわからずさまよっているうちに、コミケ特有の熱気と人の多さに体が悲鳴を上げる。リアルに気持ち悪くなり、吐きそうになった。目的地をトイレに変更した。

必死でたどり着いた先にあったトイレを見て絶望した。

そこにあったのは、コミケ最大手と名高い大行列だった。

ここはトイレか？　超人気企業ブースじゃなくて？と思った。コミケでは、用を足すことすら容易にはできないのだ。

何度も嘔吐をこらえながら最大手のトイレに並び、ギリギリのところで事なきを得たが、私の精神は完全に限界だった。

絶対にほしかった赤飯（歌い手）のCDを手に入れることができなかった。他にも目をつけていた同人誌やアニメグッズも、その頃にはすべて完売になっていた。本当に絵に描いたような惨敗だ。

せっかく来たのに何も戦利品を得られないのは悲しいからと、とりあえず別にほしくもなかったヘタリアの夏コミグッズセットを買って帰ったことを今でも覚えている。

私は誓った。必ずリベンジを果たしてやると。夜行バスに乗り、8時間以上もかけて東京まで来たのに、なんの成果も得られなかった。

こんな悲劇を二度と繰り返してはならない。ネットで調べた「荷物がパンパンになるから空のキャリーバッグを持っていけ」という教えに従い持ってきたキャリーバッグを、空のまま引いて帰ったあの虚しさはもう二度と味わいたくない。

1年後、私はまたコミケの会場に立っていた。

昨年と同じ過酷な夏コミ、企業ブースの連なる西館は今年もなお激戦地。しかし、そこに立つのは**去年までの何も知らないお子ちゃまな私ではなかった。**

私がコミケに向けて行った準備を紹介したい。

【徹底したリサーチ】

まず最初の準備としてやっておきたいのが、宝の地図の作成だ。

これは、何が最初に売れてしまうのかを予測する人気調査、入り口からどのような動線で動くと最も効率よく戦利品がゲットできるかを知るルート調査、コミケに参加したことのある先人の生の声を聞くという口コミ調査で完成する。

人気はあらかじめＰｉｘｉｖやＴｗｉｔｔｅｒの反響を確認しておくことであたりがつけられる。現場の生の声でどの企業やどのサークルが難関なのかも調べておくとなおいい。また、東京ビッグサイトは広い。ルートは物理的な最短距離に加え、人気ブースやサークルに並ぶタイミングを考えて事前に段取りを組み、動線を頭に叩き込んでおくことで無駄なロスが抑えられる。

【現場を想定した準備】

夏コミは暑い。熱気、日差し、水分補給……すべての悪条件を想定して、持ち物、服装、靴、髪型をコミケ仕様に揃える。また、体調管理もオリンピック選手のごとくこの日に備えて調整する。寝不足や疲れの残った体ではあの戦いを勝ち抜くことはかなわない。

昨年と同じ扉からコミケがスタートする。すると、なんということだろう。**人の動きがスローモーションのように見える。**驚異の集中力と戦利品への執念により、私は無双モードに入っていた。事前にリサーチした動線に従い、次々と着実に戦利品を入手していく。マリオのボーナスステージでコインを片っ端からかっさらっていくような気持ちよさだ。戦利品を手に入れた喜びはもちろん、それまでの準備を踏まえて今日まで頑張ってきてよかったという達成感がすごかった。

最近、仕事をするようになってわかったことなのだが、**コミケ対策は仕事に臨む準備にとても似ている。**どんな仕事に取り組むときも、事前のリサーチと準備、体調管理が必要不可欠だ。**そういえば、オタクには仕事ができる人が多い。**私の知る限り、コミケを一人で完璧に回れる女は全員仕事ができるキャリアウーマンになっている。

今この本を読んでいる学生のみなさんは、早いうちにコミケという戦場を経験しておいたほうがいい。気軽な気持ちで行くのではなく、しっかり事前準備もこなしてだ。

そうすればきっと、社会に出たとき**「あ！　これコミケ対策でやったやつだ！」**と、進研ゼミの漫画のようなアハ体験を感じながら、自信を持って目の前の課題に挑めると思う。

オタクも陽キャも
やってることは同じ。
お互い毛嫌いする必要はない。

オタクと陽キャは食い合わせが悪い。陽キャのみなさんはオタクというだけで「キモ」とレッテルを貼ってくるし、オタクも日々自分たちを蔑《さげす》んでくる陽キャのことを心の中でバカにしている。でも、ある日気づいたことがある。**オタクも陽キャもやってることは同じなのだ。**

陽キャがパンケーキやタピオカに大行列をつくっているとき、オタクはアニメやゲームの限定グッズや同人誌を買うために大行列をつくっている。

陽キャがクラブやフェスで「ウェーイ！」しながら踊りっ狂っているとき、オタクは声優のライブでサイリウムを振り踊り狂っている。

陽キャがインスタ映えするスイーツの写真を必死で上げまくっているとき、オタクはTwitterでバズる自作のイラストやグッズの写真を必死で上げまくっている。

陽キャが好きな男の子とのLINEの返信に悩みまくっているとき、オタクは恋愛ゲームで意中のキャラのハートがどうやったら射抜けるのか悩みまくっている。

長年オタクと陽キャは争い続けてきた。お互いをバカにして罵《のの》り合ってきた。しかし、よくよく考えればやってることは全部同じだ。**対象がちょっと違うだけで、感情も行動も全部同じ。**レッテルを取り去って話し合えば意外と仲良くなれるんじゃないだろうか。

ただし「オタクは生理的に無理」とか言うやつ、お前はダメだ。一生アニメを観るな。

平和に〝推し〟を愛したいなら
布教活動は
くれぐれも慎重に。

オタクには、自分の抱いた感動や興奮を誰かと共有せずにいられないという習性がある。大好きなアニメの神回や、大好きなキャラの魅力を誰かと語り合わずにはいられない。しかし、**負けず嫌いや独占欲が強いと自覚している人にとって、これは諸刃《もろは》の剣《つるぎ》なのである。**

例えばこんな気持ちに覚えはないだろうか。大好きなアニメを友達に布教したら、友達がまんまとそのアニメにハマってくれた。ここまではいい。とても嬉しいことだ。でも、気づけば友達が自分が入手できなかったグッズをゲットしたり、自分が落選したイベントに当選したりして無邪気に喜ぶ様子にモヤモヤする。後からハマったくせに自分より成果を上げているその感じがなんだかとても気に食わない。

一緒に語り合える仲間ができたことは嬉しいが、自分が布教したのに弟子が師匠を超えていくときはもう少し師匠のメンタルにご配慮くださいというか、彼氏を紹介したら自分より彼と仲良くなって寝取られた感じというか、こうなってはもう純粋に仲良くしていた頃に戻ることはできない。**「同担NG」という言葉があるくらい、オタクのメンタルは難しいのだ。**

推しを布教する行為には、推しのNTR《寝取られ》のリスクが伴う。

推しにも友達にもネガティブな感情を生み出してしまう自爆行為なので、推しの布教活動は自分の心の広さと相談して、くれぐれも慎重に行ってほしい。

Chapter 7

尊敬する人のいいところを片っ端から真似る

大切なことは全部

身近な人が教えてくれた。

尊敬する人の
いいところを
片っ端から真似る

大切な
ことは
全部
身近な
人が
教えて
くれた。

人生にとって大切な言葉やヒントはだいたい全部身近にあると思う。

それを教えてくれるのも身近な人だと私は思っている。

身近な人の言葉や行動は、すごく気軽に参考にできる。大昔の偉い

人が言った名言も参考にはなるが、そのときどきの自分にとって必要

なことは、やはり自分の目の前にいる人から学んだほうが取り入れや

すいし、結果的に質が高いんじゃないかと私は思う。

まずは、身近な人の中から「いいなと思う人」を見つけてほしい。

信頼できる、自分もこうなりたいと思う、仕事ができる、可愛いと思う、

面白いと思う。ここは真似したいというピンポイントなことでもいい。

次に、彼らのいいなと思う部分が具体的に何なのかを見つけ出して

もらいたい。この人のこの言葉の選びかたが優しい、センスがある、賢く見えるなど、どこがどう見えるのかを探るのだ。

最後に、それを真似すべく、その人の行動や言葉をじっくり観察して、研究してみる。自分に取り入れられそうなところがあれば、自分に合うようにカスタマイズして真似していく。

考えかたでもいい、言葉遣いでもいい、ファッションでも、メイクでも、表情でもいい、生きかたでもいい。身近にいるからこそじっくりと観察して、真似することができる。

そういう積み重ねが素敵な人間になる近道だと私は思う。

できないことが悪いんじゃない。
できるまでやらなかったことが
だめなのよ。

by 母

中学生の頃、私は勉強ができなかった。自分としては頑張ってテスト勉強をしているのだが、できたつもりになっているだけでその努力がテストの結果に反映されなかった。理科のテストで19点という赤点を取ったことがある。さすがにこれは母に叱られるだろうと思った。「なんで勉強ができないの？」と言われるんだろうなぁと落ち込んでいたのだが、母にテストを見せると勉強ができないことに対しては叱らなかった。ただ**「どうしてできるようになるまで頑張らなかったの！」**と、私の勉強の過程について注意をした。

昔から何をやっても不器用で、何をやっても人よりできないと思っていた私は、当然のように「できないこと」を叱られると思っていたので驚いた。私は**どうせできないからと諦め、ちゃんとできるようになる前に「このくらいが私の限界」と努力をやめてしまっていた。**母は結果ではなくそうなった原因を考えてくれたのだ。このとき「なんで勉強ができないの！」と叱られていたら、私は今よりもっと卑屈でひねくれた人間になっていただろう。お母さん、ありがとう。

世の中結果に対して叱る人が多すぎる。母のように、なぜその結果にならなかったのか過程にある原因を正したほうが同じ失敗を繰り返すことは少なくなるはずだ。そうすれば誰のモチベーションを下げることもなく、みんなが幸せになれるのになぁ。

byえみを

古川優香から
言葉選びのセンスを学ぶ。
人付き合いが楽になる。

昨今、「私サバサバしてるから」なんて言う女が大量発生しているが、あんなのは一番危険だ。彼女たちの正体はだいたいサバサバを免罪符にして気持ちを切り裂いていく空気が読めないやつなのだ。そんな自称サバサバ女子を敵視している私でも、この人だけは本物のサバサバ女子と認めている女がたった一人存在する。**みんな大好き、古川優香だ。**

私がまわりの人たちに「変なメイク」といじられていたとき、古川優香はいつもの低音ボイスで**「こういうの使ってみたら似合うと思うでぇ」**と、多分自分が使わなかったんだろうなという化粧品をくれる。また、私が「服がダサい」といじられているときは**「今度一緒に服買いに行こ……。ゆうか、エミリンを可愛くする服買う自信あるからぁ」**と、自分が大好きなブランド・ジュエティに連れていってくれる。面白くないことをして私がスベったとき、**「おもんな〜」**と言いながら手を叩いて爆笑してくれる。このように、相手も傷つけず嘘もつかずにくすっと笑えるユーモアまで提供してくれる。返しがあまりにも絶妙なので、実はこっそり「返答に困るフリをされたとき、古川優香はなんと答えるのか」という実験をしたことがある。みなさんも一緒に古川優香の返答を予測してほしい。

問　腹の肉を揺らして「私太っちゃったわ〜」と自虐をしたときの古川優香の返答を答えよ。

古川優香の回答

「ふわとろオムライスみたいで可愛い……🙂」

音声はこちら

この手の質問の返しとしては100点満点ではないだろうか。普通ならまず**「そんなことないよ〜」とお世辞を言って否定**するか、**「たしかにね〜。◯◯ダイエットとかオススメだよ」と太っていることを認めながら世話を焼いてくれる**か、およそこの二択くらいだと思う。彼女の場合は「太ってないよ」と嘘をつくこともなく、「太っているね」と指摘して相手を傷つけるのでもなく、絶妙ないじりを加えつつも、可愛いと褒めてくる。彼女のワードセンスはすべてが「絶妙」なのだ。**この言葉選びの技術は天性の才能だと思う。**

古川優香は人に媚びるようなこともしないし、人によってキャラや態度を使いわけたりしない。にもかかわらず、どこに行ってもシレッと場になじみ、人から嫌われることがない。みんなが「来世は古川優香になりたい」と思うのも納得だ。

私が思うに、言葉選びのセンスはおそらく磨くことができる。例えば、私はバラエティ番組でテロップとして起こされているパートだったり、ワードだったりをチェックしている。面白いところが抜き出されているからだ。それに加え、古川優香の才能に気づいて以降は彼女の何気ない発言や会話に常に耳を傾けるようにしている。みなさんもぜひ彼女の発する言葉をキャッチアップして、自然とまわりに愛される言葉選びの技術を吸収してみてほしい。きっと世界は平和になる。

わがままなのに
みんなから愛される男・
やっぴからは学ぶことが多い。

私の友達にやっぴというオカマ系男子がいるのだが、彼の性格を一言で表すと「ピュア」だ。純粋で素直なので、思ったことはなんでも口に出す。でも、そうやって本能のままに生きているわりにきちんと空気を察してわきまえることもする。無邪気に振る舞う一方で、これ以上はいけないというボーダーラインを見極められるタイプなのだ。

例えば私が髪を切って失敗したとき、彼は**「え、ほんとにヘン！　やばい！　今回めちゃくちゃ失敗やん！」**など、さんざんバカにしてくる。かと思えば、私がイラッとし始める絶妙なタイミングを察知し、**「え、ずっと見てたらだんだん可愛く見えてきたかも。それはそれでアリ」**と急に手のひらを返す。このとき、やっぴは気を使って機嫌取りにシフトした思考回路まですべて相手にバレているとは気づいていない。

私がブームから少し遅れて『鬼滅の刃』を読み始めたとき、先に読んでいたやっぴは「どこまで読んだ？　もう○○死ぬとこまで行った？」と、**屈託のない笑顔で絶対に言ってはいけない種類のネタバレをかましてきた。**ちなみに○○はまだ死んでいなかった。

こういうことがあるたびに本気で毎回イラつくのだが、あまりにも悪意がなさすぎて不思議と怒る気にはならない。その理由について本気で考えてみたことがある。

彼はもしかしたら成人男性ではないのかもしれない。**わがままだけど空気を読むのが上手な10歳の女の子だと思って付き合ったほうが腑に落ちることが多い。**「そっかそっかぁ～仕方ないね～♡」と、その天真爛漫《てんしんらんまん》さに免じて許してしまうあの感じだ。

一緒に『半沢直樹』を見ていたとき、「ネタバレしないでね」と釘を刺していたこともあって決定的なネタバレはしてこなかったが、かわりに**「次のこの人の表情に注目！」**など、**横からヒントを出し続けてきた。**しまいには**「これはネタバレじゃないねんけど、最後に敵やと思ってた人が仲間になるところがめっちゃおもろいから！」**と、どう考えてもストーリーの根幹に関わるシナリオを笑顔で教えてくれた。やっぴ的にそれはネタバレではないらしい。特定の人物の名前が出ていないからセーフという理屈？　ドラマの内容よりもやっぴのムーブに動揺する私に気づくこともなく、「早くこの話したいわ～！」とウキウキテンションを上げていた。可愛いかよ。

私は自然とやっぴのネタバレを許していた。彼はこれがネタバレだと知らないし、感想の言い合いっこがしたすぎてウキウキしているだけなのだ。純粋なこの子を一体誰が叱れようか。

純粋で素直なので、好きと思った相手にはすぐに「好き！」と伝えてしまう。駆け引きとかは存在しない。ちなみに本人の中では駆け引きはあると思っているらしい。「LINEきたけどすぐには返さんねん。駆け引きやから！」とキラキラした瞳で言うが、多分違う。わがままなので、片思いの相手が他の人と話そうものなら「俺が好きなの知ってるのになんで悲しませるようなことするの⁉」と本人に言う。そんな彼を私は過去に何度も見た。この人大丈夫？となりそうなエピソードばかりだが、**彼は私の知る大人の中で間違いなく一番ピュアな人間だ。**好きな人に好きと伝えられて、嫌なことがあったら直接相手に怒って、楽しいことがあったらすぐに誰かと共有したくなってしまう。そんな純粋な大人を、私はやっぴ以外知らない。**よく考えると、思ったことをそのまま伝えられるというのは、人にとってとても大切で、そして誰もがやりたくてもできないことじゃないか。**

繰り返しになるが、やっぴは空気を読む。怒らせたと気づくと、申し訳ないという気持ちですぐに軌道修正をはかる。その内心を相手に悟られてしまうほどまっすぐで純粋だ。やっぴの天真爛漫で自由な振る舞いは、その素直さ、純粋さですべて消化されている。素直な人間は愛される。それはいくつになっても変わらないということを、やっぴは体現してくれている。

怖いもの知らずも
突き抜ければ一芸。
って、ヒカルを見てると思う。

人には誰でも「隠したいこと」「触れられたくないこと」がある。実際、私にもそういうものはたくさんあるが、そういった警戒心のスイッチがオフになってしまう相手が一人だけ存在する。金と黒の頭髪でおなじみ、ヒカル大先生だ。

彼を一言で表すとしたら「怖いもの知らず」だと私は思う。

言っちゃいけないことを言う。やっちゃだめなことをやる。やっぴが10歳のわがまま少女だとしたら、**ヒカルは10歳のイキリ少年だ。**

本物の10歳の少年の「知らぬがゆえの怖いもの知らず」と違って、彼の場合は全部知った上でそのスタンスを貫いている。もしかしたら「怖いものおらず」に近いのかも知れない。人に嫌われることをなんとも思っていないし、自分自身に絶対的な自信があるから、**何があったとしても「自分ならなんとかできる」**と信じているのだ。

彼のそういった部分がよくわかるエピソードがある。**「エミリン、UUUM《ウーム》辞めるってよ」事件**だ。私はＵＵＵＭを退職する2か月ほど前から、お世話になった方や、今後も仕事の付き合いのある人達に辞めることを伝えていた。もちろん、その中にはヒカルもいた。

フリーになった後の仕事の仕方を教えてくれたり、今後の助けになる人脈をつないでくれたりして、彼にはその時期本当にお世話になった。しかし、ここでタダの良い人で終わるようならヒカルは反逆児などと呼ばれていないだろう。

正式退社までの2か月、**動画で堂々と「エミリン、もうすぐUUUM辞めるんやもんな！」と煽《あお》り散らかしてきた。**社会には情報解禁日というルールが存在するにもかかわらずだ。退社後にならないと公表できない立場の私はとりあえず「まだ今は辞めませんよ〜」と返すのだが、彼はひるまない。「楽しみやな2か月後！」と、悪ガキのテンションで煽る口を休めることはなかった。もちろん、そのやりとりは編集でカットすることもなく、きちんと動画で公開してくれた。公開後ネットが少しざわついたが、まあ二人の間でのいつものノリと受け取ってくれた人も多く、心配したほどの騒ぎにはならなかったので安心していた。

数週間後、突然「エミリン、UUUM辞めるんですか？」という内容のDMが次々と届き始めた。何があったのかと急いで確認したところ、当時日本一の登録者数を誇っていたはじめしゃちょーとヒカルのコラボ動画でまたもや「(エミリン)近いうちにUUUM辞めるって」と発言していたのだ。**私がいない場所**で。**まだ知らないUUUMの先輩**に。**未解禁情報**を。

私は思った。なにしてくれてんだ、とんでもねぇヒカルだ、馬鹿馬鹿馬鹿馬鹿馬鹿――と。

彼の辞書には業界の約束事や忖度《そんたく》といった「大人の事情」の項目がないのだろう。

おそらくUUUMからクレームが来ようが、私との関係が悪くなろうが、そんなことはどうでもいいのだ。いや、正確には違う。どうでもいいのではなく、**問題が起きたとしても自分なら絶対にそれをなんとかできるという確固たる自信が彼にはあるのだ。**

UUUMからクレームが入れば内容を晒《さら》して動画にするだろうし、私が怒ったなら自分のチャンネルで私宛ての謝罪動画を上げて、**それらすべてをエンターテインメントに変えるのだろう。**

常識を身につけてしまった大人であれば忖度したり、日和《ひよ》ってできなかったりすることをヒカルはガンガンにやってのける。**倒せない敵などいないと思っているのだろう。**

そんな彼の無敵感、小気味よくルールをぶち破ってくるダークヒーロー然とした姿に、ヒカルファンの方々は憧れるのかもしれない。

そんな彼のスタイルにあやかって、私もこの話を彼の許可なしに書籍にしている。

おそらくこの本を見たヒカルはこういうふうに言うと思う。

いやまあな、まあ別にな、なんかこの本を勝手にエミリンが書いたっていうのは、まあ別になんか俺としてはどうでもええ話やから。おん。まあ俺は昔からキャスとかでも言うとるけど、まあそういうタイプの人間やからもうこればっかりは変えられんのよな、俺も。お。お、おん。これは俺はもう俺を信じて貫いてきた俺の今までの人生とか今まで動画とか見てくれてる人はわかると思うけど、そういうことやから。うん。だからもう、なんかそれはもう、うん。

音声はこちら

SHOOTING STAFF

COVER , P01-08 , 140-143,183
撮影／小野田 忍［sanju］
スタイリング／伊藤ミカ
ヘアメイク／松野仁美
撮影協力／ららん藤岡

P184-208
撮影／花村克彦
スタイリング／林田夏苗
ヘアメイク／室橋佑紀［ROI］
撮影協力／今井湯

EDITORIAL STAFF

編集／井上 泰［宝島社］
吉原彩乃［宝島社］

構成、編集協力／アダチミカ
アシスタント／大澤七海

装丁デザイン／小口翔平、喜来詩織［tobufune］
本文デザイン／松崎 理［yd］
デザイン協力／佐々木博則［s.s.TREE］
DTP／柳本慈子
校正／（株）聚珍社

SPECIAL THANKS

仲 里依紗
母
古川優香
やっぴ
ヒカル
［敬称略］

COSTUME CREDIT

COVER,P01-08,183
フーディ¥10,000、チュールスカート¥14,000
／ともにキャンディストリッパー、
その他／すべてスタイリスト私物

P184-208
フーディ¥13,800／リトルサニーバイト、インナー
¥12,000、スカート¥19,000／ともにキャンディスト
リッパー、その他／すべてスタイリスト私物
※価格はすべて税別表記です

SHOP LIST

キャンディストリッパー
☎ 03-5770-2204

リトルサニーバイト
littlesunnybite.com

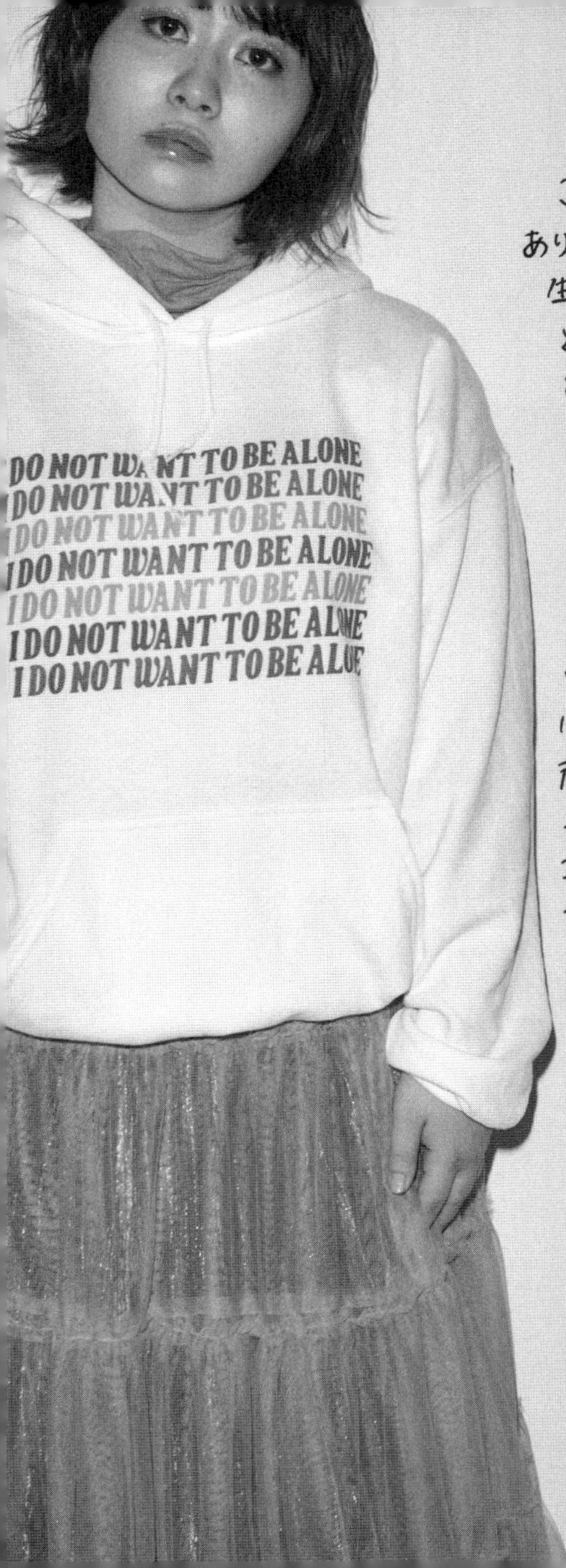

ここまで読んでいただき
ありがとうございました。
生きてたら絶対に良いことがある!
とか夢は諦めなければ叶う!!
とか自己啓発本的なキレイごとは
まだまだ言えませんが、
それでも人生に無駄な時間は
ないと思います。
今、経験してることのすべて
きっとあなたを成長させて
くれるし、なりたいものになるために
必要な試練なんだと思います。
頑張っているあなたが
報われますように!
幸せになりますように!
素敵な1日を過ごせますように!

Have a nice day ~♫

大松物語

omatsu story

武蔵小杉駅
Kids

あすかになった記念日だから。

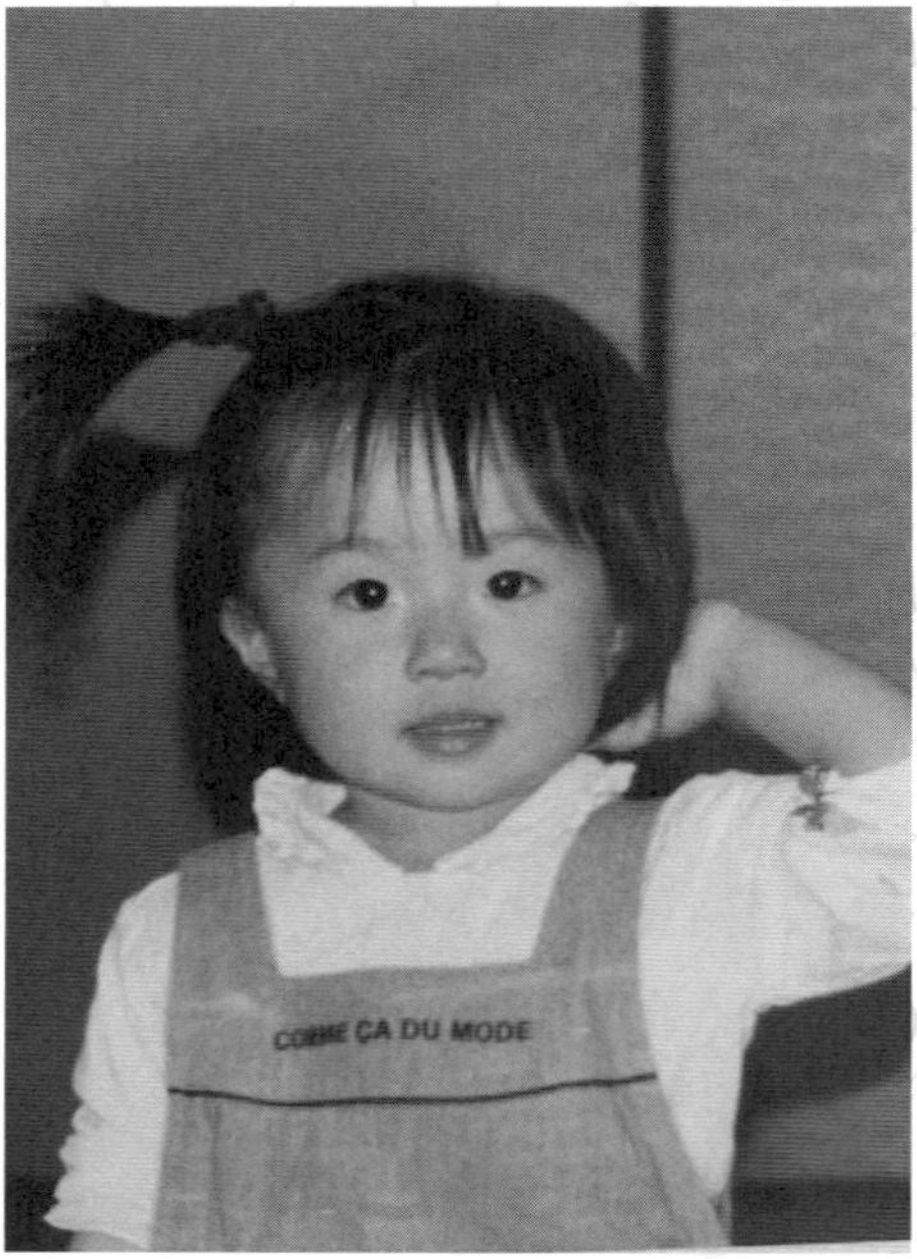

omatsu story

1993年		0歳	10月4日 兵庫県豊岡市にて生まれる。 その後神戸市で3年過ごす。
1994年		1歳	8か月で歩き始める。 1歳半の頃にはしっかりと会話をするくらいおしゃべりに。
1995年		2歳	『それいけ!アンパンマン』が大好きで収集癖の片鱗を見せる。 将来の夢はアンパンマン。
1996年		3歳	兵庫県明石市に移り住む。 スイミング教室に通い始めるも、ずっと泣いているだけだった。
1997年		4歳	お絵描きや指人形など一人遊びにいそしむ。
1998年	幼稚園	5歳	幼稚園入園。 友達ができず母に「今日誰と遊んだの?」と聞かれて「おすな〜」と答えていた。
1999年		6歳	姉の影響で少女漫画の魅力に目覚める。 ピアノを習い始める。
2000年	小学校	7歳	小学校入学。 習字教室に通い始める。
2001年		8歳	『ポケットモンスター』や『おジャ魔女どれみ』にハマる。 将来の夢はミニモニ。だった。
2002年		9歳	自作の少女漫画を描き始める。
2003年		10歳	クラスで空前の逆上がりブーム。努力するも自分だけできず、ひねくれる。
2004年		11歳	
2005年		12歳	仲良しグループにハブられ、人生初のプチいじめを経験する。
2006年	中学校	13歳	中学校入学。吹奏楽部に所属。トランペットを吹いて青春を謳歌する。 将来の夢はAKB48。 ドラマ『下北サンデーズ』の上戸彩さんに影響を受け、前髪を自分で切るも大失敗。
2007年		14歳	ちょっとした反抗期を迎え、眉毛を剃る。「部活だるい」が口癖(しかしちゃんと行く)。
2008年		15歳	図書館にこもって受験勉強。 リプトンの紙パックのミルクティーを大量摂取していた。
2009年	高校	16歳	高校入学。サッカー部にマネージャーで所属(シフト制なのであまり行かなかった)。 サッカー部のアニオタ男子の影響でアニメにハマる。 初めて見たアニメは『とらドラ!』と『銀魂』。初めての彼氏ができる。
2010年		17歳	アニメから自然な流れでニコニコ動画を見始め、歌い手(赤飯)にハマる。 同人誌にも手を出す。夏、初めてのコミケ参戦。
2011年		18歳	沢城みゆきさんの影響で声優になりたいという夢をひそかに抱き始める。 結局周囲に言い出せず、指定校推薦で立命館大学へ進学。
2012年	大学	19歳	誰にも相談せずに声優の養成所を受験。受かったものの、通学は断念する。 代わりに自分のバイト代でアナウンススクールに通い始める。

Kids

2013年		20歳	アナウンススクールの授業が厳しくも楽しく、やりがいにあふれていたため 大学の授業そっちのけで発声練習ばかりしていた。この頃の夢はアナウンサー。
2014年		21歳	アナウンサーになるために各地のミスコンに挑戦。 和歌山県の「有田みかん大使」に選ばれる。 「アミューズオーディションフェス2014」に応募。アミューズに所属し、芸人活動開始。
2015年		22歳	芸人として迷走。涼宮ハルヒの格好をしてアニオタキャラになったり、 ラッスンゴレライのネタをパクったりと悲惨としかいいようがないありさま。
2016年	上京	23歳	大学卒業と同時に上京、キャラ芸人としての「エミリン」が誕生する。 《あいさつ運動》と称して各地の駅前などであいさつをしてはおみくじを配るという 謎の活動をその後2年ほど行う。差し入れでいただくお菓子で食いつないでいた。 Twitterで披露したネタ動画「暇だったので世にも奇妙な物語のテーマに 歌詞つけて失恋ソングにしました。」がバズる。
2017年		24歳	芸人としての暗黒時代。夏、地獄のメントレ@由比ヶ浜。 居酒屋でバイトをしながらネタを書いては舞台に出る日々。 まったくウケず、芽が出ないまま心がバキバキに折れて精神的な限界を迎える。
2018年		25歳	4月にアミューズを退社。就職活動を始める。 社員として働く傍らで動画も制作したいという理由でUUUMを受ける。 UUUMの面接担当者の提案でYou Tuberに。 9月より本格的にYou Tuber活動を開始、UUUM所属になる。 この頃はTwitter同様、部屋で一人喋りをする動画やネタ動画を中心に投稿する。 10月27日投稿の「ディズニーランドキャスト新人とベテランの違い」がバズる。
2019年		26歳	NHK Eテレの『あはれ!名作くん』に声優として出演。 1月「深夜に騒音を出している人がいる」という苦情を受けて 武蔵小杉のマンションを退去。住まいを東京に移す。 3月 美容院をSHIMAに変え、周囲から垢抜けたと言ってもらえるようになる。 あやなんさん主催の「第一回女性YouTuber大運動会」に参加。 You Tuberの交友関係が広がる。 7月7日投稿の『グアムの海で、念願の人魚になりました』がバズり、 これをきっかけにロケ企画などにも挑戦するようになる。 12月「YouTube FanFest」に参加。
2020年		27歳	1月 テレビ朝日系『科捜研の女』出演。2月にはファッション誌『mini』3月号にも出演。 2月29日 You Tubeチャンネル登録者数100万人突破。 6月 UUUMを退社、フリーランスとして活動開始。フジテレビ系『千鳥のクセがスゴいネタGP』(レギュラー)、日テレ系『しゃべくり007』『ニノさん』などのテレビ番組の他、TBSラジオ『爆笑問題の日曜サンデー』、ラストアイドルのMV、WEB CMなど活動の幅を広げる。 9月19日 チャンネル登録者数150万人突破。 9月25日 自身のプロデュースアパレルブランド EDNA(エドナ)を発表。 11月16日 初のエッセイ本『ここは負けても死なないテーマパーク』出版。

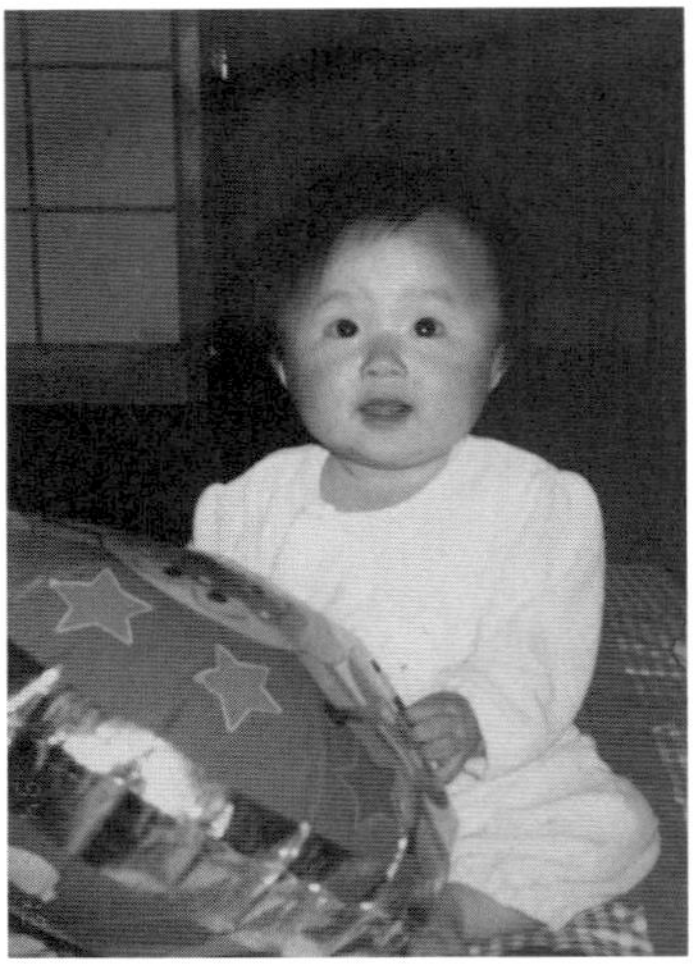

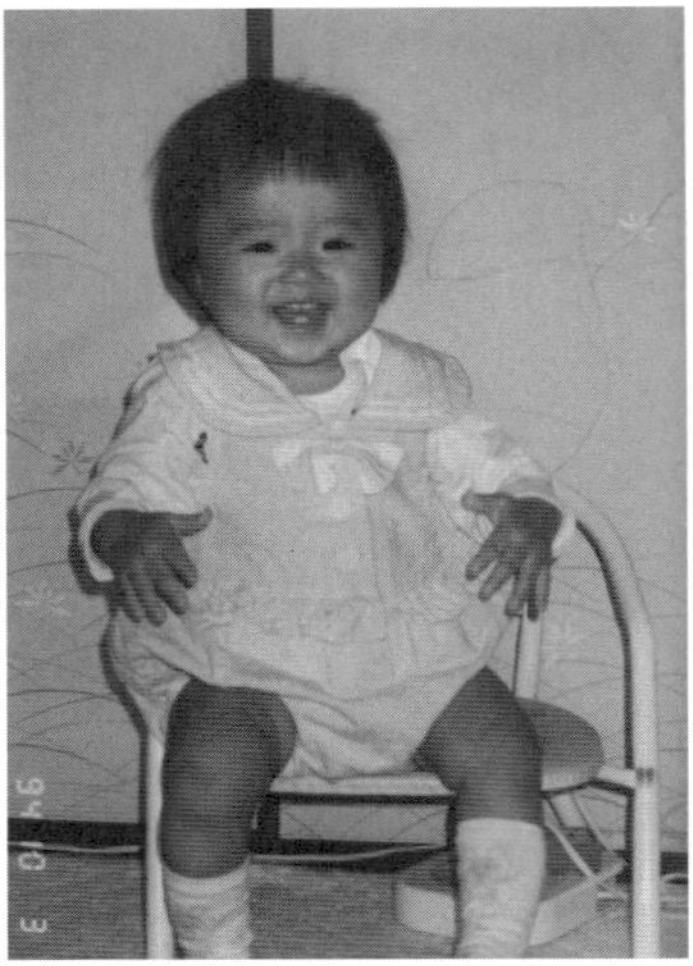

私が生まれたのは母の実家である兵庫県豊岡市。その後、3歳まで神戸市で過ごして以降、大学で家を出るまでずっと明石市で暮らした。父は警察官、母も元警察官という職場結婚の両親の間に生まれ、運動が得意で活発な姉の下で育った。

活発な姉とは正反対で、どうやら私は物心つく前から人見知りで根暗で、一人遊びが好きなおとなしい子供だったようだ。幼稚園から帰ってきた私に母が「今日は誰と遊んだの？」と尋ねたら、ほわ〜っとした様子で「おすな〜」と答えたそうだ。ずっと一人で砂遊びをしていたらしい。また、当時からグッズの収集に余念がなく、2歳の頃には大好きだった『それいけ！アンパンマン』の指人形などで毎日せっせと一人遊びをしていたらしい。ただ、根暗のくせに話し始めるのは人一倍早かったそうだ。1歳半にはもうはっきりと会話をしており、とにかくよくしゃべる子供だった。一人遊びが好きな根暗な性格で、収集癖がありよくしゃべる。なるほど、今と変わらない。どうやら私は根っからのオタクとして生まれたようだ。

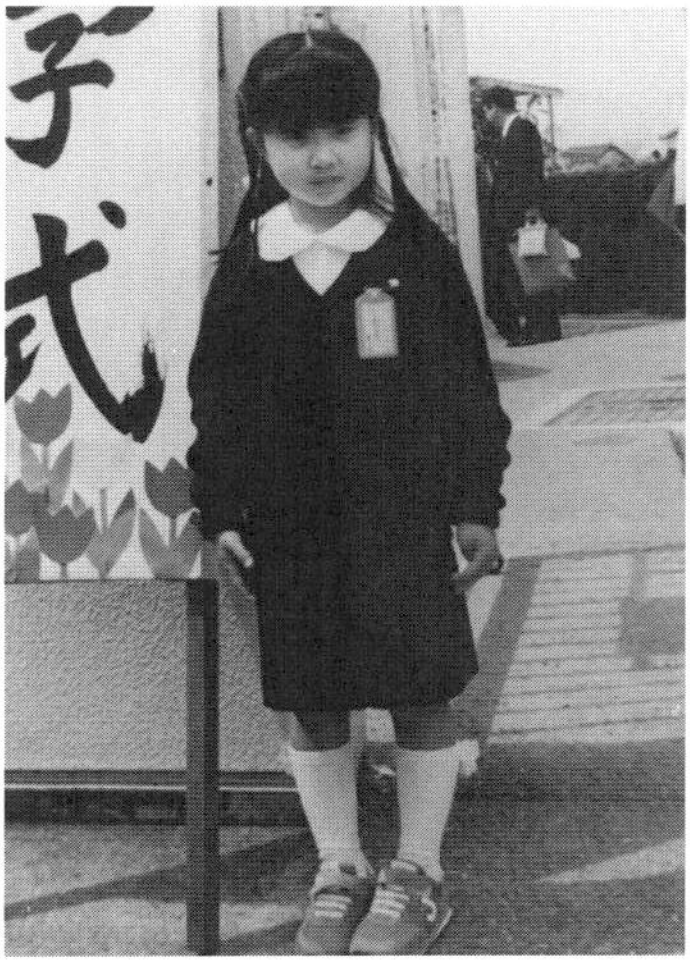

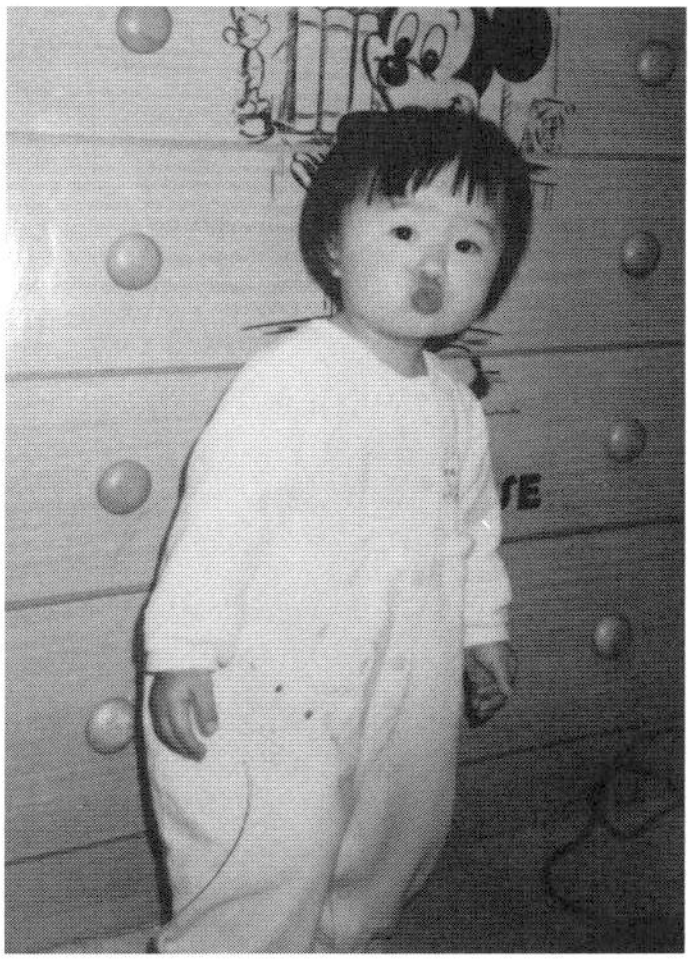

小学校に上がると、今度は『ポケットモンスター』のピカチュウに夢中になり、持ち前の収集癖を発揮してデコキャラシールや指人形を集めては一人で遊んでいた。どんだけ指人形が好きなんだ。また、この頃は『おジャ魔女どれみ』にもドハマリしていた。どちらもブーム真っ只中、本当に絵に描いたようなミーハーオタクである。

習い事もしていた。覚えているのは、スイミングとピアノ、そして習字。近所の友達と交流することを目的に通っていたので、特に夢中になったり、頑張って結果を出したりということはひとつもなかった。クラスでも目立たない子たちとふんわり仲良くして、自分も特に目立たないというのが小学校時代の私のポジションだ。

そういえば、ひとつだけ特筆することがある。私は運動神経が悪かった。ちょっと運動が苦手というレベルではない。体が自分の思うように動かないので、竹馬も、一輪車も、逆上がりも、何に挑戦しても一向にできるようにならないのだ。その不器用さをわかりやすく例えるなら、女版のび太くんだ。

余談になってしまうが、今でも動画で箸の使いかたが悪いと注意されることがある。「両親のしつけがなっていなかったんだ」と心無いことを言われたこともあるが、そうではない。警察官という職業柄もあってか、とてもきちんとした両親で、礼儀や箸の使いかたなどのしつけもちゃんとしてもらった。箸遣いの下手さは不器用な私が最後までそれを習得できなかった結果だ。いまだにそれは申し訳ないと思う。

ちなみに勉強の出来も至って普通、中の下だった。女版のび太くんの私は、特に何が得意というものもないまま大きくなり、ドラマの『ごくせん』をきっかけに亀梨くんにハマったり、彼目当てで見始めた『野ブタ。をプロデュース』で山Pに推し変をしたり、ノートに自作の少女漫画を描きちらしたりしていた。

少しだけ事件もあった。いじめの対象になったことがある。小学校6年生のときだったと思う。仲良くしていた4人のグループの中で、突然自分だけが無視され始めたのだ。理由を思い返し、おそらくみんなで回していた交換日記を私がやめたせいだと気づいた。めんどくさくなったせいだ。当時も今も、私は熱しやすく冷めやすい。その性格ゆえに、友達同士のキャッキャウフフとした楽しみを台無しにしてしまったようだった。「人間関係をダメにしてしまうボーダーラインというものがあるらしい」というのを知った私は、人との適切な付き合いかたも覚え、いじめの対象になるようなことはなくなった。良くも悪くも大きな波風の立たない小学校生活だった。

そうして、小学校とほとんど同じメンバーで迎えた中学校生活が始まる。私が通っていた中学校は本当に平和で、いじめという文化がなかった。ここでも私はクラスの目立たないグループに属し、小学校同様あたりさわりのない学生生活を送る。このときすでにスクールカーストの仕組みを理解し始めていたので、文化部の中でも明るい子たちが集まるという理由で吹奏楽部に入部した。担当の楽器はトランペットだ。

友達とそれなりに楽しく遊び、吹奏楽にもそれなりに打ち込んでいた私が夢中になっていたことを紹介する。ポエムである。授業中、教科書の下に隠したノートに自作のポエムをしたためていた。当時、カナヘイや一期一会が流行っていたので、それに感化されたのだ。一見クラスになじんでいるように見えて、根暗な一人遊び大好きっ子という属性はまったく変わっていなかった。中2の頃にはちょっとした反抗期も迎えた。やめる気もないくせに「部活やめたい」が口癖だった。もともと薄かった眉毛を剃ってみたりもした。小心者なりのささやかな反抗期はすぐに終わりを迎えた。

家に近いからという理由で入った高校は普通科。高1から大学の指定校推薦枠に狙いを定め、内申点を稼いでいく方向で心を決めていた。この頃になると、学力もやや悪いに分類される感じだったので、自分の学力で一般受験を勝ち抜くのは無理だなと判断したためだ。内申点のためにサッカー部のマネージャーになった。

ここでようやく私の人生にも変化が起こる。サッカー部の

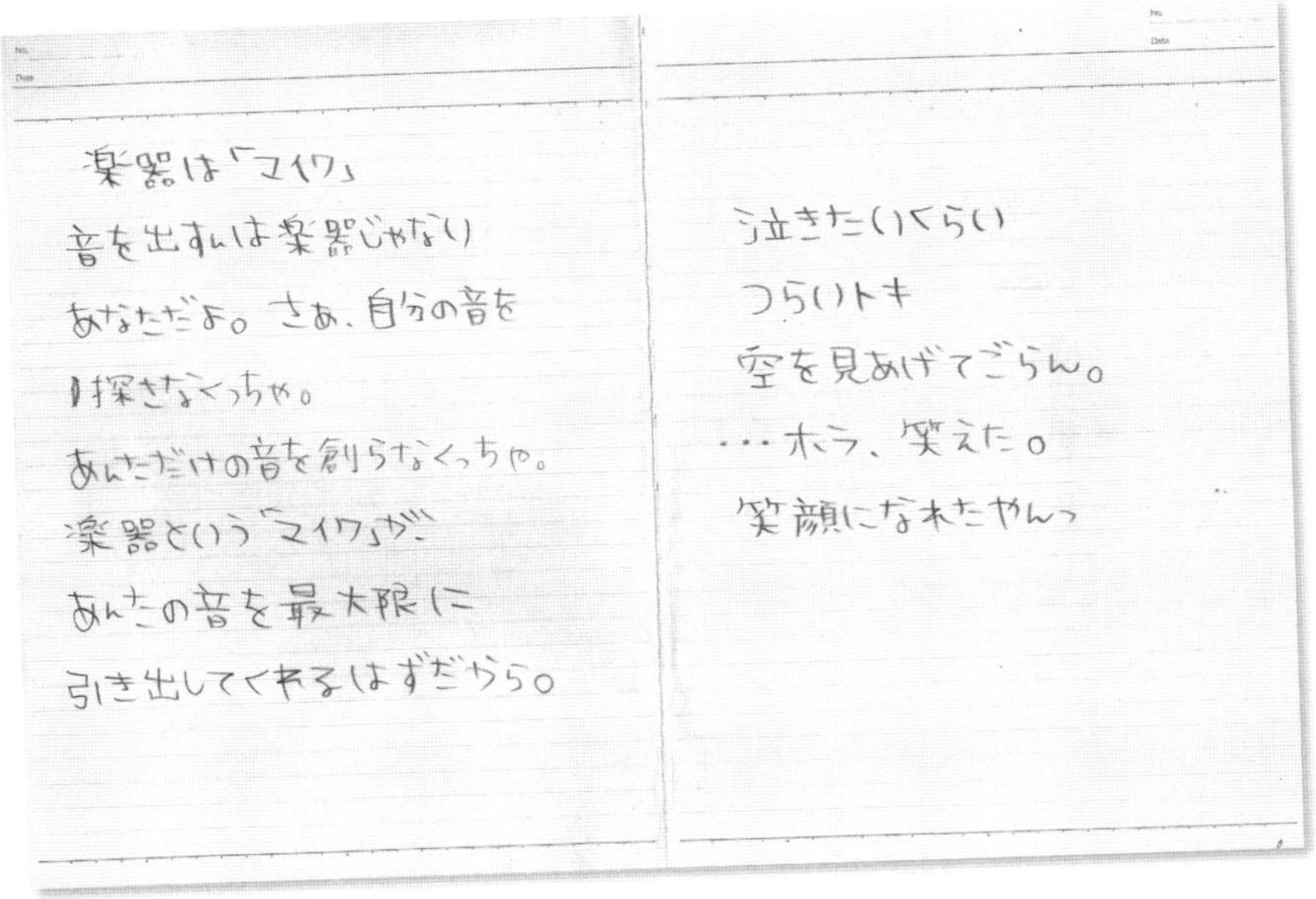
楽器は「マイク」
音を出すのは楽器じゃない
あなただよ。さあ、自分の音を
探さなくっちゃ。
あんただけの音を創らなくっちゃ。
楽器という「マイク」が
あんたの音を最大限に
引き出してくれるはずだから。
泣きたいくらい
つらいトキ
空を見あげてごらん。
…ホラ、笑えた。
笑顔になれたやんっ

はづき
えみ
今日も※はづきといっしょに、大久保へ＊
たのしくショッピングして、しゃべって…♡♥
それで、プリとったの さすが※大久保☆☆？
うつりがキレイだねぇ〜〜〜〜〜〜♡♡♡

※明石市大久保町のこと

男子の影響で私はアニオタになったのだ。

アニメの見逃し配信を見るためにニコニコ動画を利用し始めたことで歌い手の追っかけになった。高2のとき、乙女ゲームにも目覚める。お約束の収集癖を発症し、キャラグッズやアクセサリー、BLコミック、同人誌などを集め始め、夏コミにも初めて参加した。すっ飛ばしていたが、実は高1のときに初めての彼氏ができた。その後も順調にアニオタ仲間の同級生、バイト先の先輩などコンスタントに彼氏がいた。乙女ゲーのキャラとも脳内で恋人関係を築いていたので、人生の中でも一番リア充していた時期かもしれない。

そして迎えた高3、私は「声優になりたい」という自分の夢に気づく。きっかけは沢城みゆきさんだ。同じ人が演じているのに、役によってこんなにも違って聞こえるのかと衝撃を受けた。彼女に憧れ、自分も挑戦してみたいと思った。しかし、それを誰かに打ち明けることもできないまま、予定通り大学に進学することになる。


京都の大学に進学し、初めての一人暮らしで私は大いに自堕落になった。好きなものを好きなタイミングで食べ、太った。生協学生委員会というサークルのようなものに所属して、特定のグループではなく委員会のみんなでほどよくつるむという、至って普通のキャンパスライフを送った。同じ委員会の同級生と付き合ったりもした。一番居心地がよくて素でいられる楽ちんな人だった。多分一番好きだった彼氏だが、4回も浮気されたのでさすがに愛想が尽きてお別れした。アルバイトもしていた。たまたま役員視察がある日に規定違反の髪色をしていたという運の悪い理由で1か月でクビになったり、レストランチェーンのバイトもシンプルに仕事ができなさすぎてクビになったりしていたが、最終的には週末だけの派遣のイベントスタッフに落ち着いた。

そんな私が自分で起こしたひとつの転機がある。大学1年の冬、誰にも言わずに声優養成所の入学試験に応募したのだ。ちなみに受かった。しかし、受かって初めてそのことを相談した際、親には「熱しやすく冷めやすいあなたのいつもの思いつきなんじゃないの？」となだめられ、入学を許してもらえなかった。

親の言うことももっともだと思った。だが、反対されたことで逆に声優になりたいという情熱に火がついた。自分が考えていたよりずっと本気だったのだ。私はバイト代で通えるアナウンススクールを探し、約2年間そこで「話すプロ」になるための勉強をした。本当に厳しい先生だったが、今も私の礎になっているような大切なことをたくさん教えてもらった。熱しやすい性格がいい方向に働いて、必死に努力した。そのとき付き合っていた彼氏とも、夢に向かって集中したいからという理由で別れた。私のリア充期はこのとき終わった。


ここまでずっと普通中の普通、45点くらいの低空飛行で人生を歩んできた私だが、気づいていただきたいことがある。勉強も運動もからきしで、なにかに打ち込んだこともなく、容姿も取り立てて良いわけではなかった私は、これまで他人から褒められたことがなかった。また、出ない杭《くい》は打たれないと言わんばかりに小賢《こざか》しく世渡りをしてきた結果、大きな失敗もしたこともなかった。このことが私の性格に大きく影響を与え、自己評価と自己肯定感が極端に低い人間に仕上がったのだ。それが、ここに来て人前に出る仕事がしたいと思っている。それまでモブのように生きてきた人生の反動という面もあるのかもしれない。

人前に出る仕事をすること、声を使った仕事をすること。これが私のやりたいことだった。だから、人前に出るための下地づくりとしてミスコンなどに参加したりもした。ちなみに、和歌山県の「有田みかん大使」になったのはこのときだ。初めて立つステージは、緊張もしたがそれよりも高揚感のほうが強かった。こういう道ってやっぱりいいなという気持ちをより一層強くした。

ことを言う時ほど、言い方と表現のこだわりを見つける。
オッテ・トーッテ NG
私たちは困ってない、明るく。
子どもに向かって言う
・気持ちをひらいて
話しかけて。
出だしはゆっくり
朗読基本 ①明るく大きい声で ②ていねいにわかりやすく
やわらかく。
(1) 全国で火災予防運動が行われています。火の取扱いに充分注意しましょう。
(2) 交通安全運動が行われています。学校の近くでは、子供を交通事故から守りましょう。
(3) あなたのまわりに、危険や不安はありませんか。必ず警察に届けて明るい街を作りましょう。
愛犬家に。
(4) あなたにはかわいい犬が、よその人にはこわい犬です。犬の放し飼いは多くの人に迷惑をかけます。
(5) 相当悪くなるまで気づかない病気があります。一度、健康診断を受けてみましょう。
(6) 夏山におでかけの方、山は生きています。山を甘く見ることはとても危険です。しっかりした指導者のもとで充分な準備をととのえて出かけましょう。
思いっきりかわいくよむ。
(7) 災害は忘れた頃にやって来ると申します。夜分など急に地震だ火事だというときあわてないようどうすればよいか、普段からしっかりと考えておきたいものです。
(8) 公衆電話の市内通話は3分できれます。30秒まえにド、ミ、ソのチャイムが3回なります。つづけて話しをするときはいったん切ってからかけなおして下さい。
ゆっくり。
(9) 東海道新幹線超特急ひかり号は東京と大阪を3時間10分で結びます。途中止まる駅は京都と名古屋です。東京名古屋間を2時間で名古屋大阪間を1時間10分で結びます。
(10) 歯をみがかずに寝るのは、虫歯を作っているようなものです。歯を磨いてさっぱりした気持でお休み下さい。
(11) 雨の日は近い車も遠く見えます。急がずにちょっと待って車が通ってから横断するようにしましょう。
(12) 郵便屋さんが困っています。届け先のわからない手紙が一日二千通もあるということです。お宅では表札をはっきりかかげてありますか。郵便番号もはっきりかいて下さい。
(13) 現金はそのまま手もとにおくとついむだ使いしてしまいます。予算をたてて使いましょう。
しっかり間をとってがんばる
伝えるということ。
もっとゆっくり。かわいくやさしく。
素直に読む。
自分の本当の声を出す。
アナウンサーお願いします☆ ごきげんで読もう♪

そんな中、YouTubeでたまたま「アミューズ オーディションフェス2014」の存在を知る。全国規模で書類審査もない。なにより大手事務所のアミューズが主催ということに惹かれてオーディションを受けた。結果、タレント・キャスター・バラエティー部門でグランプリを獲得した。まだ大学在学中だった私は、東京と京都を行き来しながら、夢に向かって歩みだすことになる……と思いきや、そんなに甘い話ではなかった。

大学に在学している間はまだよかった。キャラの弱さを打開するためアニオタキャラになってみたりと盛大に迷走していたが、それでも本当にしんどいと気づいたのは卒業後、上京してからだった。

初めて住んだのは武蔵小杉だった。事務所の先輩に相談してオススメされるままに選んだ。初期から動画を見てくださっている方なら知っているかもしれないが、夜中の騒音で追い出されたあのマンションだ。

大学時代もしょっちゅう行き来していたので上京したことに対する感慨はなかったが、本格的に芸人活動が始められることに高揚していた。

しかし、オーディションに落ち続け、ネタ見せでは酷評され、まわりの芸人さんたちとのレベルの違いを実感し、そうこうしている間に貯め

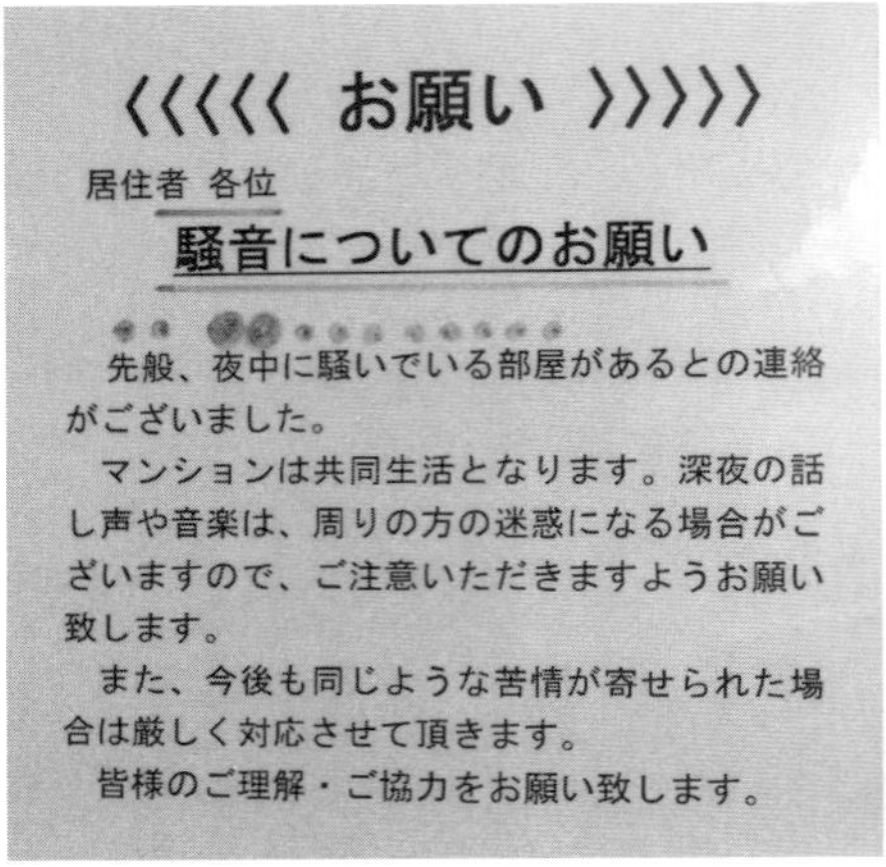
《《《《《 お願い 》》》》》

居住者 各位

騒音についてのお願い

先般、夜中に騒いでいる部屋があるとの連絡がございました。

マンションは共同生活となります。深夜の話し声や音楽は、周りの方の迷惑になる場合がございますので、ご注意いただきますようお願い致します。

また、今後も同じような苦情が寄せられた場合は厳しく対応させて頂きます。

皆様のご理解・ご協力をお願い致します。

てきた貯金も底をついた。

私が与えてもらったのはエミリン星から来たお姫様という設定の不思議キャラだった。しかし、「私がやりたかったことはキャラ芸人ではない」という思いが捨てきれず、なんとかそれで売り出していきたいというマネージャーとの温度差もすごかった。間借り的にゲスト参加させてもらっていた舞台でもダダスべっていた。


芸人としての収入はすずめの涙ほど。それだけではもちろん足りず、日中は芸人活動をしながら夜は21時から朝の5時まで横浜の居酒屋でバイトをした。体力的にも限界だった。

私はわかりやすく病んだ。そりゃあそうだ。部活、受験……みんながそうしてきてたように、なにかに向かい死ぬ気で努力をしたことなどなかった。プレッシャーに押しつぶされないよう踏ん張りを利かせたことなどなかったのだ。

大学まではいつも友人が支えてくれていたが、東京に来てからは本当に一人だった。相談する相手もいない。公共料金が払えず、水道が止まったことがある。ショックに打ちひしがれながら銭湯に行った。


アミューズという有名な事務所に所属していることだけが私の心の支えだったが、鳴かず飛ばずのまま3年が過ぎ、最終的にそれまで溜めたストレスが爆発し、マネージャーに向かって泣きながらブチ切れて事務所を辞めた。自分を売り出すためにいろいろ考えてくれたマネージャーに本当に申し訳ないことをしてしまったと、今でも反省している。

アミューズを辞めてからは就職活動を始めた。それまでの3年間が狂っていた分、とにかく普通の生活がしたかった。夢を追いかけている人を支える仕事がしたいと思った。それで受けたのがＵＵＵＭだ。芸能の仕事は諦めたものの、趣味程度でＹｏｕＴｕｂｅに動画を上げながら社員の仕事をやろうと思っていた。ＵＵＵＭにはそうやって活動している人がいたので、ＵＵＵＭを受けた。

芸人として活動している間、実はＴｗｉｔｔｅｒでネタ動画がそこそこのバズリを見せていた。たしかその当時で20万人くらいのフォロワーがいたと思う。面接の際、そのことを知ってくれていたＵＵＵＭのスタッフが、「もったいないから、とりあえず1年だけでもＹｏｕＴｕｂｅｒで頑張ってみるのはどうか」と言ってくれた。

芸人時代、ＹｏｕＴｕｂｅｒになればいいのにと言われたことがあったが、当時のＹｏｕＴｕｂｅといえばメントスコーラとスライム風呂！という時代。「ＹｏｕＴｕｂｅｒ＝素人」というレッテルを貼り、「私はアミューズに所属しているプロなのでやらないんです～」と謎のプライドを発揮していた。嫌なやつだ。

事務所を辞める少し前、実はあるイベントでＹｏｕＴｕｂｅｒと知り合う機会があった。後のマブダチ・やっぴである。すでにさんこいちとしてＹｏｕＴｕｂｅで人気を獲得していたやっぴと会って、すごく面白い人だと思った。そのイベントでは古川優香が罰ゲームでタガメを食べていた。こんな可愛い子がこんなに頑張っているんだと思った。その頃には、ヒカルさんたちもこれまでにないような面白い企画にチャレンジしていて、もう「ＹｏｕＴｕｂｅｒ＝メントスコーラでウェイ☆」という時代じゃないんだということを知った。

そんな転機を経てＵＵＵＭに所属した。まずはとにかく登録者１００万人を目指した。１００万人いけば、そこが自分の居場所として自信を持っていいと思った。

ＹｏｕＴｕｂｅのリスナーさんは本当に熱心に応援してくれた。まるでスポーツ選手のファンのように、「もっ

YouTuberはみんな
メントスコーラをやって
スライム風呂に入る人たちだと思ってた。

と伸びてほしい」「もっと評価されてほしい」と背中を押してくれる。これまで応援されたことなどなかったので、今まで感じたこともないような熱量の声援に押されて、ただひたすら目標に向かって頑張ることができた。楽しかった。

最初は芸人時代のネタをブラッシュアップしたものを上げていたが、続けるうちにもっと自分が面白いと思うものに幅広く挑戦していきたいといろんな動画を上げるようになり、方向性も変わっていった。特にアリエルの動画はひとつの転機だった。自分が面白い・楽しいと思ったこととリスナーさんの評価がバチッとハマった手応えを感じた。劇場ではまったくウケなかったディズニーランドキャストのモノマネも、YouTubeではウケた。見てくれる層の違いだったんだろう。

動画投稿を始めてから2年弱で目標だった登録者100万人を達成した。もともとネットで反響を得られるタイプだったのに、どうしてこれまで毛嫌い

つなごう!
みんなのみらい。
一番搾り
たばこ
小杉

していたんだろう？　間違いなくここが自分の居場所だと思った。YouTubeは私に初めての「成功体験」をくれたのだ。

そんな中、UUUMを辞めた。辞めたときに動画も上げたが、まずUUUMに対して感謝しているというあの言葉は間違いなく本心で、本物だ。でも少しだけ、動画で話さなかった「辞めた理由」について踏み込みたいと思う。

YouTuberとして知名度が上がった、テレビなどの仕事で声をかけてもらえるようになった。今は私を知らないたくさんの人に「面白い」と思ってもらえるチャンスだと思った。でも、UUUMはそういう仕事に積極的ではなかった。

UUUMは良くも悪くもYouTubeに特化した会社だ。ルールやコンプライアンスをしっかり守るという考え方はすごくいいと思っているが、UUUMの得意とするところと自分がやりたいと感じ

UUUMには感謝している。
でも、やりたいことを全部
応援してくれるわけじゃなかった。

ていることが違った。応援はしてくれるが、その部分をサポートしてくれる力が弱いので、自分が求めているものとは違うと感じてしまったのだ。

フリーランスになろうと思った。フリーランスを選んだ理由は、仕事で携わる人たちの顔が見える距離でやりたかったからだ。事務所に所属していると、どうしても全部事務所を通してのやり取りになってしまうので、一緒に仕事する人の顔が見えないという状態にもどかしさを感じた。私は自分のやりたいことにもう一歩踏み込むために、UUUMを辞めることを決意したのだ。円満退社だったこともあり、辞めた今でも連絡を取り合ったり、仕事をもらったりと良好な関係が築けており、UUUMには本当に感謝している。

　フリーランスになってからは、驚くほど仕事の幅が広がった。全部自分でやり取りをするので大変ではあるが、相手の顔が見える中での仕事は自分に合っていると思った。やりたいことに真正面から取り組むことができていると自信を持って言える。

　YouTuberになるまで誰かに褒められたことがなかった。多分、人前に出たいという夢もこれまでの自分の人生を考えると無謀でしかなかったし、実際芸人時代は本当に辛かった。安定した事務所を辞めて一人でやっていくという選択も、まわりには「もったいない」と言われたりした。

　それでも、自分の夢や気持ちに正直に生きるほうが絶対にいい。失敗して

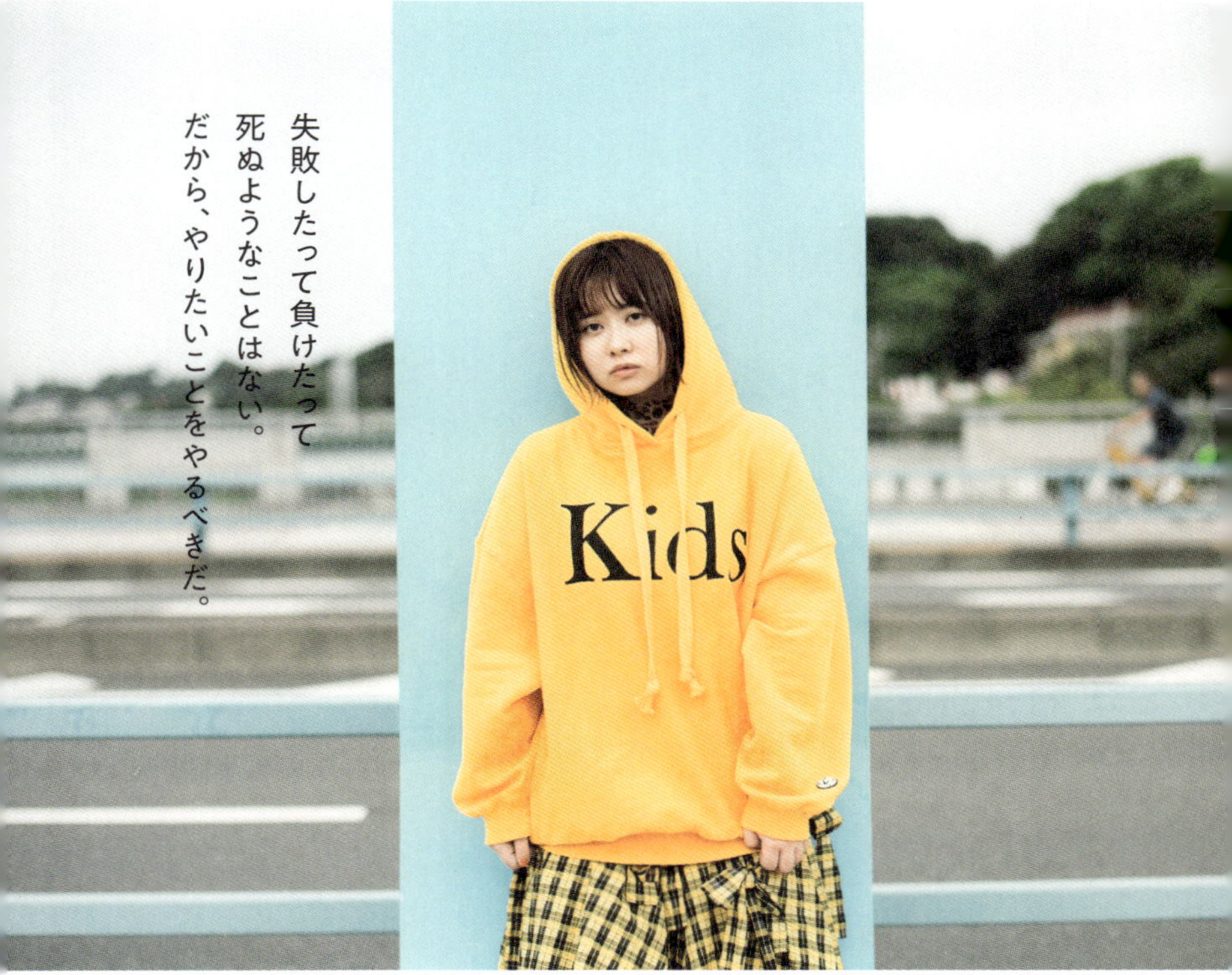

失敗したって負けたって
死ぬようなことはない。
だから、やりたいことをやるべきだ。

もどうにかなる。負けたって死ぬことはない。

いろんなことに手を出しているが、私はこれからも「ＹｏｕＴｕｂｅｒ」として頑張っていく。成功体験を得ることはできたが、私にはまだ人生で経験できていないことがある。なにかで一番になることだ。まずは女性ＹｏｕＴｕｂｅｒとして一番になりたい。もっとたくさんの人に面白いと思ってもらいたい。

最後に、いつも応援してくださるみなさまへ。今後もより一層頑張って、みなさんを楽しませていきたいと思っておりますので、引き続き応援のほどよろしくお願いいたします。

エミリン

本名・大松絵美（おおまつ・えみ）。
チャンネル登録者数150万人超（2020年10月現在）の大人気YouTuber。元芸人。兵庫県明石市出身。ニュースキャスターを目指して上京し、アミューズのオーディションを受けるが、応募者3万人以上の中からなぜか女芸人として採用される。芸人としては芽が出ずUUUMの社員採用試験を受けたが、社員ではなくYouTuberとして採用され、一気にトップYouTuberに上り詰める。2020年6月にUUUMを退所し、現在フリー。UUUM退所後、テレビ局からオファーが殺到しており、バラエティ出演多数。

エミリンチャンネル
（YouTube）

ここは負けても死なないテーマパーク

2020年11月30日 第1刷発行

著　者　エミリン
発行人　蓮見清一
発行所　株式会社宝島社
〒102-8388
東京都千代田区一番町25番地
電話　営業:03-3234-4621
編集:03-3239-0928
https://tkj.jp
印刷・製本　サンケイ総合印刷株式会社

ISBN 978-4-299-00986-9